财报就像一本兵法书

淬炼财报与《孙子兵法》的商业智谋

刘顺仁◎著

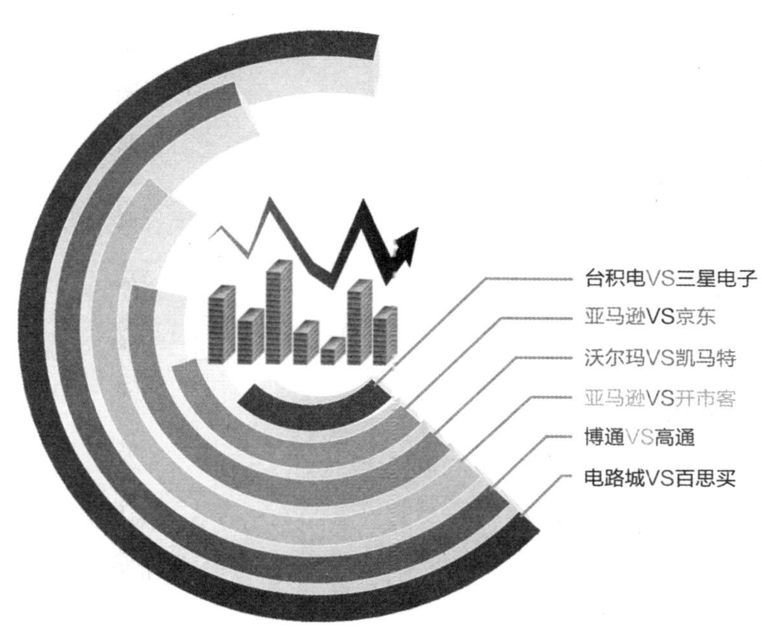

浙江人民出版社

图书在版编目（CIP）数据

财报就像一本兵法书 / 刘顺仁著. -- 杭州 : 浙江人民出版社，2020. 5

ISBN 978-7-213-09624-2

Ⅰ. ①财… Ⅱ. ①刘… Ⅲ. ①会计报表—基本知识 Ⅳ. ①F231.5

中国版本图书馆CIP数据核字（2020）第007124号

浙江省版权局著作权合同登记章
图字：11-2019-280号

财报就像一本兵法书

刘顺仁 著

出版发行：浙江人民出版社（杭州市体育场路 347 号　邮编：310006）
市场部电话：（0571）85061682　85176516
责任编辑：方　程　何英娇
营销编辑：陈雯怡
责任校对：姚建国
责任印务：聂绪东
封面设计：元明设计
电脑制版：北京唐人佳悦文化传播有限公司
印　　刷：北京阳光印易科技有限公司
开　　本：710 毫米 ×1000 毫米　1/16　　印　　张：15.5
字　　数：144 千字　　插　　页：1
版　　次：2020 年 5 月第 1 版　　印　　次：2020 年 5 月第 1 次印刷
书　　号：ISBN 978-7-213-09624-2
定　　价：58.00 元

如发现印装质量问题，影响阅读，请与市场部联系调换。

把“问责”练成绝招

“会计”(accounting)是工具，“问责”(accountability)是目的；以会计培养能问责的领导人才(accountable leaders)，是会计教育的目标。何谓问责？简单来说，问责是“诚信无欺，创造价值；忠于所谋，为所当为；拿出办法，交出成果”。而会计是以数字为工具，协助组织做出成果、沟通成果的工具。问责无法通过抽象的观念来理解，必须在真实的组织、丰富的情境、复杂的行为中，用心衡量思辨。

从2018年8月起，台湾大学会计学系开始推动“培育问责领袖计划”（Growing Accountable Leaders Project）。此计划的第一步，是出版“问责与领导系列丛书”，将一般人望之生畏的会计学知识，转化为明白易读的文字、生动活泼的故事及深入浅出的经营管理智慧，让读者可以充分消化吸收，把问责练成绝招。

问责四层面

问责的实践，建立在四个不同层面的“问”上。

1. 自问：诚信利他，创造价值，责无旁贷。
2. 问他：有智有谋，有体有用，有巨有细。
3. 被问：有凭有据，有短有长，有形无形。
4. 互问：有人有己，有偏有全，有疑有解。

当您读完此书之后，再回顾这“四问”，当能心领神会。

五式练一招

要深入透彻地理解任何学问，进而把一招练成绝招。《中庸》里所阐述的“五式练一招”，依然历久弥新：

> 博学之，审问之，慎思之，明辨之，笃行之。有弗学，学之弗能弗措也；有弗问，问之弗知弗措也；有弗思，思之弗得弗措也；有弗辨，辨之弗明弗措也；有弗行，行之弗笃弗措也。人一能之，己百之。人十能之，己千之。果能此道矣，虽愚必明，虽柔必强。

练问责这一招的“五式”，分别是：

1.博学：财报是企业共同的语言，通过财报可以广泛学习各行各业的经营管理知识。看自己、看顾客、看竞争对手、看顾客的顾客、看竞争对手的竞争对手，日积月累自然能够博学。

2.审问：针对每一个财报数字，都要审慎地问：这个数字背后的经济含义是什么？可能的衡量误差有多大？什么人在什么时候会造假扭曲？

3.慎思：针对每一个由许多数字所形成的“财报故事”，

都要谨慎地思考：这个故事的情节是否逻辑合理、前后一致？这个故事没有说出来的假设条件是什么？这个故事在短、中、长期里可能的发展是什么？最坏的发展又是什么？

4. 明辨：明确地比较辨别，是商业智谋的开端。明辨自己过去的财报故事与现在的财报故事；明辨自己的财报故事与顾客或竞争对手的财报故事。在诸多明辨中，培养根据事实独立判断的思辨能力。

5. 笃行：通过财报数字检验所采取的行动方案是否有效。有效，则继续精进发展；无效，则迅速检讨改正；不确定，则持续警醒验证。

这“五式”，要靠现代数字科技才能发挥得淋漓尽致。会计智慧（Accounting Intelligence）是最古老的人工智能（Artifiicial Intelligence，简称 AI），会计学学位证书早就在全球众多大学中被颁发。而全球第一个人工智能学位，2018 年才在美国以信息科学著称的卡内基梅隆大学（Carnegie Mellon University, CMU）正式设立，想必未来更加普遍。

可以预见，只有紧密结合最古老 AI 与最先进 AI，才能真正地把问责练成绝招。

用财报淬炼《孙子兵法》

把问责练成绝招——在问责这套武功中，最重要的一招，是以诚信为本的“商业智谋”（商业智慧与谋略，英译为 business acumen）；而提升商业智谋的有效途径，是用财报淬炼《孙子兵法》。

财报就像一本兵法书，它是创业者与经理人淬炼商业智谋的战场，投资人解读商业智谋的舞台。诚信与利他，是财报的根、商业智谋的魂；纪律与创新，是财报的骨、商业智谋的干；真实的经营成果与经济生态圈的全胜，是财报的目标、商业智谋的桂冠。在企

业经营中，非财报无以深入理解《孙子兵法》，非《孙子兵法》无以具体淬炼商业智谋。

本书中所谓的“财报”，是财务报告（financial reporting）的简称，它包括财务报表（financial statements）、年报（annual reports）、法人说明会报告，以及其他策略性或例行性的财务及业务报告（如每季营收及获利披露等）。有商业智谋的经营管理者，才有办法迅速掌握企业全貌，洞悉产业竞争生态，想出足以取胜的攻防之道，进而为企业创造独特价值。

本书主张，培养商业智谋的具体方法，应以《孙子兵法》为思考架构，以财务报告为分析工具及案例来源。

财报修炼三层次

人类在求生存的考验中体会到：个子小，打架要练拳法；资源少，竞争要懂兵法；变化快，决胜要用最高明的兵法。而古往今来最高明的兵法，就是《孙子兵法》。在企业经营管理中，若能善用《孙子兵法》，可以把失败的概率降到最低，把胜利的概率提到最高，把赢者圈的范围扩到最大。《孙子兵法》的高明，是超越自我狭隘的短期胜利，追求竞争生态圈（eco-system）与利益攸关人

(stakeholders)共同的、长期的胜利，这叫作“全胜”。

2015年12月，我第一次在台湾大学与复旦大学联合EMBA(高级管理人员工商管理硕士)课程中开设“财报与《孙子兵法》”课程。期间，我最常听见的疑问是:“财报与《孙子兵法》有什么关系?”我总是笑着回答:“财报与《孙子兵法》是天作之合，财报是《孙子兵法》的千古知音。”希望这本书能告诉您为什么。

具体而言，财报通过由浅入深的三个层次，阐述了《孙子兵法》的精髓。

1.财报就像一本文法书：财报就是企业经营、竞争的历史记录。要了解它，必须先了解各个会计科目的定义，以及财报种类与结构等知识，这些是基本功。

2.财报就像一本故事书：财报中的每一个数字，背后都有一个经营管理与市场竞争的故事。通过阅读财报，读者必须把产生这个数字的前因后果重建出来，像是诉说一个完整合理的故事。例如，企业获利持续成长，是刺激股价上升的重要原因之一。而为了刺激股价，经理人可能通过浮滥的赊账，造成营收及获利大幅增长的假象。但因此产生的恶果，是应收账款大幅增加且回收周期过长，因而产生现金周转不灵的风险。而通常这些浮滥的应收账款，很容易变成坏账，造成未来的巨额亏

损。像这种故事，经常在企业的财报中出现。

3. 财报就像一本兵法书：学习从兵法的角度看财报，是本书的重点。财报显现出企业经营者的气度与格局，描述着企业对未来的布局规划，也记录了企业的一场场攻防成败战果。

财报与《孙子兵法》是天作之合，还有另一个非常独特的原因。财报是管理学科中，唯一把人类的不诚信行为作为重要研究主题的学问。财报在历史上的起源，就是要处理“做假账”给筹措资金带来的困扰。然而，这种困扰始终没有得到解决，甚至随着资本市场规模的扩大，变得更加严重。为此，财报还发展出“法证会计”（Forensic Accounting）这个流派，从犯罪侦查的角度处理财报中可能存在的作假舞弊。《孙子兵法》一开始就强调“兵者，诡道也”。（**《孙子兵法·始计篇》**）指出如何看穿他人的作假，是兵法的重点之一。

向竞争对手学习创造价值

孙子对急于求胜者，毫不客气地当头棒喝：“不尽知用兵之害者，则不能尽知用兵之利也。”（**《孙子兵法·作战篇》**）把《孙子兵法》应用到企业经营上，最大的误解及最深的祸害，就是只想打败甚至歼灭竞争对手。相反，企业学习兵法真正的重点，其实是和竞争对手“同修”，学习如何为顾客创造价值。请看下面这个有趣的案例。

几年前，台湾大学EMBA同学组织了一个欧洲产业参访团，第一站是拜访著名的法国精品公司香奈儿（CHANEL）。香奈儿也派出资深营销副总裁负责接待与介绍，以示慎重。

在介绍中，一位EMBA同学举手，问了一个自认为颇有水平的问题：“请问，香奈儿是如何应对全球精品产业龙头路易威登（LV）的竞争的？”

出乎意料地，这位香奈儿主管一脸疑惑地反问：“请问路易威登是一家什么样的公司，我怎么从来没有听说过？”所有人当场愣住，场面有点尴尬。

一阵沉默之后，这位主管笑着说：“我是开玩笑的。在我们这一行，有谁会不知道路易威登呢？”接着，他转为严肃地说：“但是，路易威登从来就不是我们的竞争对手。我们不会因为路易威登搞砸了就变好，也不会因为路易威登大好而变坏。香奈儿唯一的忧虑，是丧失为顾客创造独特价值的能力。”

事实上，香奈儿和路易威登互相学习、良性竞争，两家公司都非常成功。它们不仅让法国在全球精品市场上称霸的地位更加稳固，也保障了其背后庞大的产业供应链业者的富裕，这就是“全胜”（《**孙子兵法·军形篇**》）。

竞争（competition）常被误解为敌对（rivalry）。“竞争”一词，源于拉丁文的competere。com是前缀，意思是“一起”；petere的意思是“寻找”。也就是说，竞争的原意其实是“共同寻找”（seek together），就是“同修”。同修什么？就是共同创造独特价值之道。

在瑞士洛桑的奥林匹克博物馆，一进门就能看到矗立着的一片大理石石墙，上面写着象征奥林匹克精神的三个拉丁字：citius（更快）、altius（更高）、fortius（更强）。这就是竞争的原始含义：一群优秀的运动员在一起互相切磋如何跑得更快一点、如何跳得更高一点、如何变得更强一点。在变化速度越来越快的商场中，如何让研发跑得更快一点、业绩跳得更高一点、公司变得更强一点，也是所有经营者日夜思考的事。

应用《孙子兵法》的目的，不在于消灭对手，而是要通过互相学习创造更大的价值。否则，过度限于狭义的竞争中，反而会失去为顾客创造独特价值的核心。

复兴《孙子兵法》重视“数量化”的传统

本书并不是一套完整的“财报版”《孙子兵法》注释，而是探索一个崭新的思考方向，学习用《孙子兵法》来启发自己的智慧。孙子说："兵无常势，水无常形。"（《孙子兵法·虚实篇》）能适应市场需求的灵活变化，才不会变成"死读书"。

为什么财报和《孙子兵法》是天作之合？因为《孙子兵法》的理念，从一开始就不是抽象的思考，而是以具体的量化数据（quantitative data）来指导决策与行动，并用以预测成败胜负。目前，全球的先进国家在评判军事演习中的两军胜负时，《孙子兵法》这个计量的传统仍然保持不变。

然而，当《孙子兵法》被应用在企业经营中时，几乎都变成性质上的（qualitative）、观念上的（conceptual）讨论，计量的传统几乎荡然无存。这非常可惜。在企业经营中，如何取得大量数据，复兴《孙子兵法》重视"数量化"分析决策的传统呢？财报由于数量化呈现信息的本质，自然是最理想的工具，与《孙子兵法》真是天作之合。

《孙子兵法》中的计量精神，随处可见。例如：

1.《孙子兵法》一开始就提出"道、天、地、将、法"五大决胜因素，并强调"多算胜，少算不胜。"（《孙子兵法·始计篇》）然而，最大的挑战是如何把"道、天、地、将、法"转换成攸关企业存亡的观念，然后赋予它们数量化的含义。对此本书将在第四章中加以讨论。

2.《孙子兵法》中强调，必须先精确计算发动战争所需的各种物资，所谓“驰车千驷，革车千乘，带甲十万”（《**孙子兵法·作战篇**》），以求迅速决胜。这分明就是一部战争的成本会计学。对成本的优势或劣势，如何具体地以数据显示，进而预测企业经营的成败。对此本书将在第五章加以讨论。

3. 虽然“知彼知己”（《**孙子兵法·谋攻篇**》）是《孙子兵法》中耳熟能详的名言，但要如何将其变成具体的分析方法，始终是一大挑战。在本书的分析中，承袭《财报就像一本故事书》开启的传统，主要呈现企业间各层面财报数字或比率的长时间比较，并进一步讨论财报背后更深层的经营管理逻辑，让“知彼知己”成为一套可以具体落实的方法论。

拥抱数字科技的未来趋势

如果孙子诞生在这个时代，他必然会极力主张拥抱及专精数字科技，用以作为提升商业智谋的工具。例如，2016年亚马逊（Amazon）本身在线供应货品就已高达1 200万种，如果再加上和其他企业连接起的互联网供货系统，其在线可下单的品项居然高达3亿种。此种庞大的品项规模，以及背后必须进行的复杂经营管理决策（定价、仓储、物流等），若非通过先进的信息科技工具（例如大数据及有效的算法），绝对无法运作。

因此，正蓬勃兴起的商业智能与数据分析领域，将是未来企业领导者必须具备的核心能力，也是未来会计学教育发展的重要趋势。

以下，就让我们开始一个结合财报与《孙子兵法》，学习提升商业智谋，落实“问责”使命的旅程。

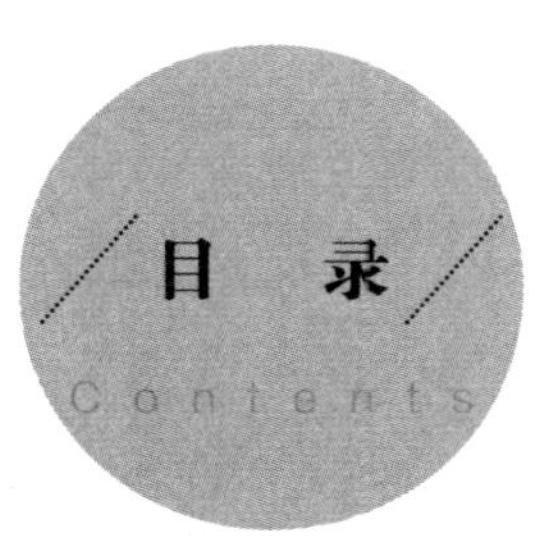

PART 1 历史舞台篇

第一章

刚戾忍诟——性格与格局

第四章
道、天、地、将、法——知之者胜，不知者不胜

第五章
兵闻拙速，未睹巧之久也——沃尔玛 VS 凯马特

第六章
无穷如天地，不竭如江河——亚马逊 VS 沃尔玛

第七章

善战者，胜于易胜者也——台积电 VS 三星电子

第八章

绝地勿留，围地则谋，死地则战 |某光电公司总经理　陈子兵

PART 3 人才传承篇

第九章

淬炼“智、信、仁、勇、严”——台积电的将才培育

| 台积电首席财务官 何丽梅

谢辞 忘己利他，照千一隅

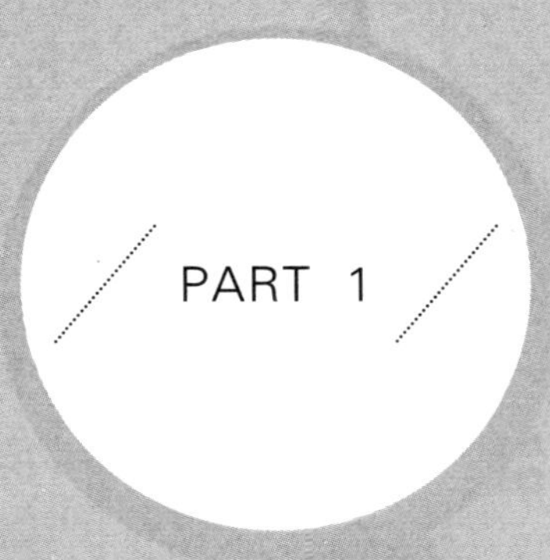

历 史 舞 台 篇

1972年4月，在我国山东省临沂市银雀山，发掘出两座汉代古墓，在墓葬中发现了用竹简写成的《孙子兵法》和《孙膑兵法》。千百年来，“孙武”和“孙膑”究竟是不是同一个人的史学争论，就此正式结束。应该可以确定，司马迁在《史记·孙子吴起列传》中的叙述是正确的:《孙子兵法》的作者，是春秋晚期吴国著名的大将孙武；而孙膑是孙武的后代。孙武以《孙子兵法》中所揭示的战争哲学与原理闻名于后世；而孙膑虽并非以兵法著作传世，但他活用兵法原理，创造出许多足智多谋的经典战役。本书融合两位“孙子”的思想精华，将其作为淬炼商业智谋的思考架构，并讨论如何进一步实践“问责”。

然而，兵法毕竟是人的思想产物。人若无法突破性格上的盲点与执着，进而扩大自己的胸怀与格局，终究会限制兵法所能发挥的效益。因此，让我们先回顾历史舞台上酝酿《孙子兵法》的人物与时空背景。《孙子兵法》由孙武年轻时的初稿，发展到现在我们所见的定稿，其中必然包括孙武经历的战争惨烈经验的思想转折。如此揣测，并无充分史料可资佐证。因此，敬请读者包容我“任性”地抒发我读《孙子兵法》后天马行空的想象。

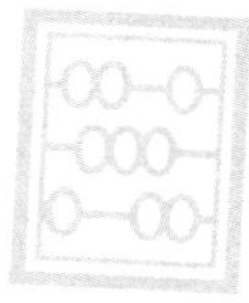

刚戾忍诟

——性格与格局

要真正了解孙武，就必须先了解他的好友及长官——吴国大夫伍子胥（公元前 559—公元前 484）。

“刚戾忍詬”，是伍子胥的父亲伍奢临死前对儿子性格的描述。刚，是有力量而不易被折断。戾，是弯曲身体；字形是狗从房门底下钻出去，代表为了达到目的，即使“当狗”或“钻洞”都在所不惜。詬，就是辱；忍詬就是忍辱。根据伍子胥的性格，伍奢预测“楚国君臣且苦兵矣”。事实上更惨，楚国不仅“苦兵”，而且几乎亡国。

伍子胥伐楚的军事行动，孙武全程参与。孙武看见伍子胥为报私仇，在楚国做了最糟糕的占领行为，结果胜敌后不仅不能益强，反而严重削弱了自己的实力。孙武更看到，就算打赢几场漂亮的胜仗，到头来只是镜花水影。因为主帅与君王性格的缺陷及格局的局限，战场上的胜利终究无法扭转吴国亡国的命运。我相信，《孙子兵法》深沉的智慧，来自孙武人生所遭遇及目睹的重大挫折。我悟到，孙武在告诫后人：无法克服性格缺陷，就学不成上乘兵法；不能扩大思想格局，就做不出恢宏事业。我听到，孙武在训诫我们：欲学兵法，先修己心，刚戾忍詬，心偏事败。

烈丈夫伍子胥

复仇的怒火，支配了伍子胥的一生。司马迁感叹地说：“怨毒之于人甚矣哉！”并称呼伍子胥为“烈丈夫”，说得真好。伍子胥身世“惨烈”，复仇“壮烈”，下场“悲烈”。以下，就是这位“烈丈夫”的故事（《史记·伍子胥列传》）。

伍子胥家族历代都是楚国重臣，他的父亲伍奢担任楚国太子建的老师。而太子的另一个老师费无忌，被指派到秦国迎娶一位贵族之女当太子妃。无忌为了巴结平王，出了一个馊主意，他告诉楚平王：“准太子妃容貌极美，大王不妨占为己有，太子妃再另外物色。”好色的平王被说得心动，果真霸占了儿媳妇，并对其极为宠爱，还生了一个儿子，就是后来的楚昭王。而拍马屁有成的无忌也因此离开太子，成为平王的宠臣。无忌害怕太子即位后报复自己，就开始不断地在平王面前造谣，中伤太子想要

造反。伍奢站出来声援太子，却被无忌诬陷为太子谋反一党。

平王下决心杀太子及其党羽，并且以伍奢作为人质，召唤他的两个儿子伍尚（老大）及伍子胥（老二）来朝廷。伍奢对儿子们的个性很了解，他对平王说："伍尚个性仁弱，会乖乖自投罗网。但伍子胥个性'刚戾忍诟'，成能大事，一定不肯白白送死。"果然不出伍奢所料，兄弟两人明知这是个圈套，但大哥不忍心为了求生而让父亲独死，于是束手就擒，把为全家报仇的任务交给了二弟伍子胥。伍子胥便逃出楚国，开始了复仇之旅。

一个被楚国剥夺一切的逃犯，要如何为家族报仇呢？以一人对抗一国，这是何等可怕又可敬的决心。

伍子胥极有耐心，一点都不急躁。首先，他摸清吴国的公子光有夺取王位之心，于是介绍了刺客"专诸"给他。专诸以一把藏在鱼肚中的短剑，刺杀吴王僚成功，让公子光正式继位，这便是吴王阖闾。为了建立一个强大的复仇国家，伍子胥向吴王推荐了孙武当高级将领。为了削弱楚国的实力，伍子胥带领吴国大军连年出兵骚扰楚国边境，楚国先是疲于奔命，后来逐渐相信吴国只是骚扰掠夺边境，并无真正进攻决战的意图，于是防备渐渐松懈。这时伍子胥才集结重兵，给予楚国致命的一击。忍功真是了得。

伍子胥率领吴军攻陷楚国首都后，因为楚平王已死，于是下令挖掘其墓，鞭尸300下，来发泄心中的愤恨。他的老朋友申包胥质问他:“臣子这样对待自己曾侍奉过的君王，岂不是太过违背天理了?”伍子胥回答说:“我不知道自己还有多少日子可以活，我宁可选择倒行逆施!”

“倒行逆施”这四个字，说明了伍子胥对楚国的破坏和伤害。《吴越春秋》（东汉赵晔所著，史实的可信度较差）甚至记载，吴国在攻破楚国之后，吴王娶了楚昭王的王后，大将孙武也娶了楚国重臣的夫人，君臣一起尽情地羞辱楚国人民。“倒行逆施”激起了楚国上下的羞愧和愤怒，也导致最后吴国伐楚的失败。伍子胥“刚戾忍诟”的个性，以及倾吴国之力替自己报仇的私心，严重背离了“问责”。

烈国君吴王阖闾

要了解孙武，还必须了解他的“老板”吴王阖闾。在司马迁心里，吴国是个非常特别的国家。在《史记》中，记载诸侯历史的部分称为“世家”。吴国以一个小国，居然在“世家”中排名第一，为什么呢？因为吴国的创立，有一个无私而动人的故事。吴国的创立者叫吴太伯，他是周太王的大儿子，他的弟弟季历排行老三。季历很贤明，还生了德才出众的儿子昌（即周文王）。于是，周太王打算传位于季历，以便把王位传给孙子昌。太伯为了完成父亲的心愿，避居到东南方的荆蛮之地，并跟随当地人的风俗割去长发、在身上刺满花纹，表示自己不会再回华夏争夺王位。

吴国传了第十九代后的国王叫寿梦，寿梦有四个儿子，分别是老大诸樊，老二余祭，老三余昧，老四季札。季札最贤能，寿梦本想直接传位给他，但小儿子坚持不受，最后还是让老大诸樊继位。诸樊体贴父亲遗愿，以兄传弟的方式传位，本想终究能让季札即位，没想到一路传到老三余昧过世，季札还是坚持不肯接位，

因此，最后由余昧的儿子继承王位，这就是吴王僚。这件兄友弟恭的美事，在此开始变调。老大诸樊的儿子公子光（后来的吴王阖闾）不服气，认为王位应该轮回老大家族才对，于是如何复位就变成公子光的目标。伍子胥看穿了公子光的野心，便协助他展开弑君夺权的计划（如上节所述）。如图 1-1 所示。

当灭楚功败垂成后，吴国又起兵伐越，越王勾践迎击，吴王阖闾的脚趾在战斗中被砍伤，后来因创伤发作而死。阖闾临死前立太

子夫差为王，并问夫差："你会忘记你父亲是被勾践杀的吗？"夫差说："不敢忘！"后来夫差伐越报仇，以及勾践卧薪尝胆复国的故事，大家耳熟能详，不再赘述。

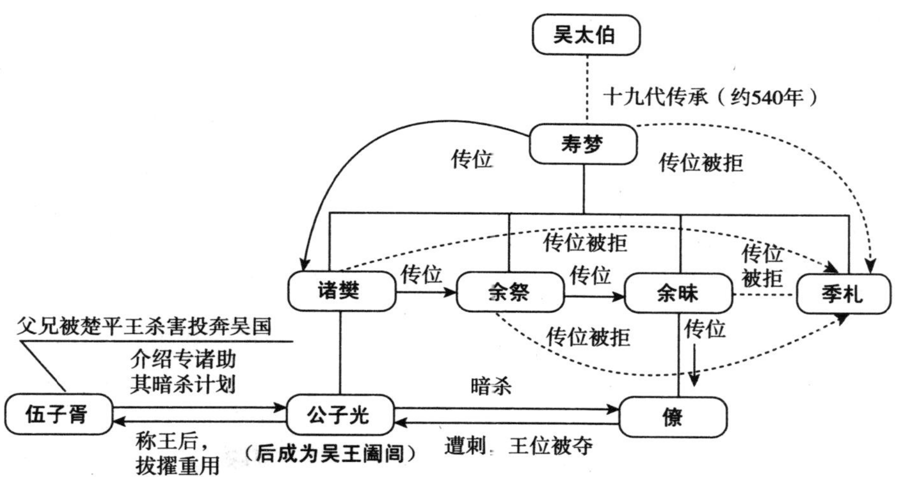

图 1-1　烈国君阖闾的君位传承

吴王阖闾临死前也被复仇的烈火掌控，亦说不上符合国君的"问责"之道。

历史上最血腥的应聘面谈

因为伍子胥的强烈推荐，孙武晋见了吴王阖闾。这次会面，是历史上最血腥的应聘面谈，同时也充分显示了孙武的个性和格局，无怪乎司马迁在《史记·孙子吴起列传》中对此做了大篇幅的描述。

孙子名武，齐国人。因为精通兵法，得以觐见吴王阖闾。阖闾说："你写的《孙子兵法》十三篇，我都看过了，写得好！但是你能当场为我表演一下实际操练部队吗？"孙武说："可以。"阖闾说："可以试用在妇人身上吗？"孙武回答说："可以。"于是阖闾选了一百八十位宫中美女供孙武调遣。

孙武将她们分为两队，让吴王的两个宠姬当队长，叫宫女们都手执长矛。孙武问她们："你们都知道自己的心口、左右手和后背在什么地方吗？"宫女说："知道。"孙子说："等我发令向前，你们就朝着你们心口所对的方向前进；我说向左，你们就朝着左手的方向转；向右，就朝着右手的方向转；向后，则朝后背转。”宫女们都说：“好。”

孙武规定完毕，就把军中惩办犯令者的刑具斧、钺都摆了出来，又把刚才讲过的动作要领反复讲了几遍。说罢，孙武击鼓叫宫女向右，宫女们只是哄然大笑而站着不动。孙武说：“这一次没做好，是我还没有把规定讲清楚，没把军法要求讲明白，这是我的责任。”于是，他把刚才宣布过的规定又讲了几次，而后击鼓使之向左，宫女们仍是嬉笑不动。孙武严肃地说：“规定讲得不明白，军法讲得不清楚，这是将军的责任；如果这些都已经讲清楚了，而动作不合规定，那就是官兵的责任了。”于是准备处决两位队长。这时，正在台上观看的吴王，一见孙武要斩杀他的爱姬，大惊失色，赶紧派人下来对孙武说：“我已经知道你善于用兵了。如果没有这二位爱姬，我连饭都吃不下去，希望能不处决她们。”

孙武说：“我既然已经接受命令当了您的将军，将军在行伍之中，可以不接受君王的命令。”说罢，硬是把两个宠姬杀了，还把她们的人头拿到队伍前面巡行示众。接着，孙武又重新选派了两个队长，继续操练。这次大家都紧紧跟随着孙武的鼓点，该前、该后、该左、该右、该跪、该起，一切都谨遵规矩，没人敢再嬉笑了。

于是，孙武派人去报告吴王：“队伍已经操练整齐，大王可以下来看看，现在您怎么命令她们都可以。”吴王不高兴地说：“将军回去休息吧，我不想下去看了。”孙武说：“您这只是喜好书面上的文章，而不能把它付之于实践。”这句话震撼了吴王，于是他真的相信孙武善于用兵了。

年轻的孙武，可以果断牺牲两位无辜的妃子，只为了证明自己的军事才能；晚年的孙武，历经过战场上巨大且无谓的伤亡；也目睹好友伍子胥劝诫吴王夫差灭越不成反而惨死的种种巨变。因此，《孙子兵法》定稿时的孙武，应该是充满了慈悲心的。

慈悲心生大智慧

许多人认为《孙子兵法》只是求胜的工具书，大错。《孙子兵法》之所以远胜于其他兵法，在于它背后有深刻的慈悲心。因为有慈悲心来启发智慧，《孙子兵法》才会发展出“不战而屈人之兵”（《孙子兵法·谋攻篇》）的高超智谋。以下，是一段段充满慈悲心的文字。

孙子描述智谋不足的将领，驱使士兵像蚂蚁一样爬梯攻城，死伤超过三分之一仍攻城不下的惨状，令人为之动容。

> 故上兵伐谋，其次伐交，其次伐兵，其下攻城……将不胜其忿而蚁附之，杀士三分之一而城不拔者，此攻之灾也。（《孙子兵法·谋攻篇》）

孙子认为，为了作战胜利，国家进行了人力、财力、物力的总动员，甚至要动用间谍这种非常手段来搜集情报。将领或国君在这种生死存亡关头，还舍不得花钱重赏间谍来刺探敌情，以求快速取胜，则没有慈悲心到了极点（“不仁之至也”）。

> 凡兴师十万，出征千里，百姓之费，公家之奉，日费千金。内外骚动，怠于道路，不得操事者，七十万家。相守数年，以争一日之胜，而爱爵禄百金，不知敌之情者，不仁之至也，非民之将也，非主之佐也，非胜之主也。（《孙子兵法·用间篇》）

孙子认为像战争这种后果惨烈的大事，不论是做最后决策的国君，还是战场上领兵的将领，都不能因为自己的愤怒情绪而开战。

> 主不可以怒而兴师，将不可以愠而致战。（《孙子兵法·火攻篇》）

深刻的认知性格缺陷

《孙子兵法》深入地分析了将领的五种性格缺陷，以及它们所造成的危险。

第一种是勇不畏死，这就可能被敌人诱杀。

第二种是贪生怕死，这就可能被敌人俘获。

第三种是暴躁易怒，这就可能被敌人欺骗。

第四种是廉洁好名，这就可能因为被敌人羞辱而失去理智。

第五种是过分地爱护民众，这就可能使我军烦劳而陷入被动。

> 故将有五危：必死，可杀也；必生，可虏也；忿速，可侮

也；廉洁，可辱也；爱民，可烦也。凡此五者，将之过也，用兵之灾也。(《孙子兵法·九变篇》)

若非对人的性格缺陷有深刻认识，是说不出这种一针见血的话的。而在儒家的经典《大学》中，对于“正心”的修炼，也有相同的看法。

身有所忿懥（即愤怒），则不得其正；有所恐惧，则不得其正；有所好乐，则不得其正；有所忧患，则不得其正。心不在焉，视而不见，听而不闻，食而不知其味。

2017 年，芝加哥大学理查德·塞勒（Richard Thaler）教授以对行为经济学（behavioral economics）的开创性研究，获得诺贝尔经济学奖。众多行为经济学的案例显示，当决策者心存偏见时，面对信息会做出相当偏误的判断；而偏颇的个性更会造成“视而不见，听而不闻”的谬误。

最后，请再聆听一次孙武对我们的告诫：无法克服性格缺陷，就学不成上乘兵法；不能扩大思想格局，就做不成恢宏事业。

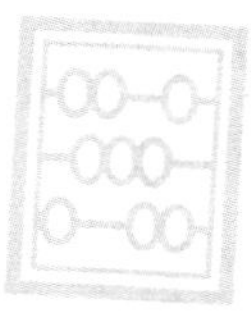

上下都亢

——用人与用兵

出现在历史舞台上的第二位孙子，是孙武的后代，晚孙武一百多年的孙膑。《孙膑兵法》在班固《汉书·艺文志》中虽有记载，但东汉以后失传千余年。1972 年，当《孙膑兵法》从汉代古墓出土后，虽然经过学者专家整理校订，并已正式出版问世，但仍鲜为人知。孙膑的军事谋略能够广为流传，主要源自司马迁用生花妙笔为他所写的传记。在《史记·孙子吴起列传》中，我们可以一窥孙膑如何活用兵法原理，创造出许多场经典战役。我把受孙膑的谋略所启发的财报智慧，归纳为“上下都亢”四个字。

此外，孙膑的谋略能在历史舞台上演出，是因为碰上了一位好老板——战国初期最著名的君王齐威王（在位时间为公元前 356—公元前 320）。齐威王启发我们：用人之道，先于用兵之道。识人及用人功力不佳的君王，未战就已经可以预知失败。这个道理，在企业经营管理中，一样适用。

照千一隅，此则国宝

“照千一隅，此则国宝。”是一句美妙的智慧之语。它的大意是：“杰出的人才，就算只处于一个小角落（一隅），他的光亮（影响力）也可以照耀到千里之外；这样的人才，才是国家真正的宝贝。”而有这种知才、惜才、用才格局的国君，才会拥有充沛的人才，从而容易在战场上取胜。“照千一隅，此则国宝”的典故，出自战国时期齐威王与魏惠王的一次言辞上的交锋。

齐威王二十四年（公元前356年），齐威王和魏惠王在郊外相会打猎。魏惠王也常被称为梁惠王，因为他把魏国首都迁到了大梁（今河南开封）。魏惠王问齐威王：“大王，您有宝物吗？”齐威王说：“没有。”魏惠王说：“像魏国这样的小国，还有十颗直径一寸、能照亮前后十二辆车的夜明珠当作国宝。为什么拥有超过一万辆兵车的齐国，反而没有宝物呢？”

齐威王说:“我所认知的宝物和你所认知的不同。我的大臣中，有一位名叫‘檀子’的，我派他去镇守南城，楚国人就不敢进犯一步，并且泗水流域的十二国诸侯都来向齐国朝拜。我的大臣中有一位名叫‘盼子’的，我派他去镇守高唐，赵国人就不敢再到他们东境的黄河中捕鱼。我的大臣中有一位名叫‘黔夫’的，我派他镇守徐州，于是燕国人到徐州的北门祭祀，赵国人到徐州的西门祭祀，祈求天神保佑他们的国土安全，并且燕、赵人民搬到徐州投奔黔夫的就有七千余家。我的大臣中还有一位名叫‘种首’的，我派他在国内防备盗贼，于是齐国被治理得路不拾遗。这样的宝物帮我照亮了千里国土，又何止是照亮十二辆车呢?”魏惠王听了以后很惭愧，闷闷不乐地离开了齐国。(《史记·田敬仲完世家》)

虽然魏惠王自己说魏国是小国，但这是自谦之词，魏国当时其实是一个可以和齐国并肩争霸的强国。然而，齐威王和魏惠王格局的大小及视野的宽窄，由上文中的对话一目了然。

其实，这两位野心勃勃的国君，在日后战场上兵戎相见之前，已经先进行了一场人才争夺战。这就是历史上著名的“孙膑与庞涓”的故事。

孙膑曾经与庞涓一起学习兵法（他们的老师不确定是不是鬼谷子）。后来，庞涓在魏国做了魏惠王的将军，他知道自己的才能比不上孙膑，于是就派人悄悄地把孙膑招到魏国来。孙膑来到魏国首都大梁后，庞涓怕他超过自己，于是编造罪名，诬蔑孙膑犯法，砍掉了孙膑的两只脚，还在他脸上刺了字，想让他永无出头之日。

后来，齐国的使者来到大梁，孙膑就以一个罪犯的身份，悄悄地求见齐国使者，对齐国使者有所进言。齐国使者觉得孙膑是位奇才，便把他藏在马车里，偷偷地带到齐国，受到了齐国大将田忌的赏识。田忌经常和齐王的公子们下大赌注赛马，孙膑看到田忌家的马的实力比公子们的马的实力略逊一筹，在把马分为上、中、下三等的竞赛规则下实在难以取胜。于是，孙膑对田忌说："下回赛马，您可以尽管下大赌注，我包您能赢。"田忌相信孙膑，便约齐王和诸公子赛马，并下了千金的赌注。到比赛时，孙膑对田忌说："您用您的下等马跟他们的上等马比赛，再用您的上等马对付他们的中等马，最后用您的中等马对付他们的下等马。"就这样，三场比赛过后，田忌一负两胜，赢了千金。之后，田忌把孙膑推荐给齐威王。齐威王和孙膑谈论了一回兵法后，非常佩服他，随即便尊奉孙膑为齐国军师。（《史记·孙子吴起列传》）

齐威王二十六年（公元前354年），齐威王和魏惠王在“桂陵之战”（今河南长垣）中第一次交手。这次战场上的厮杀，其实是孙膑与庞涓军事智谋的交锋。这个战役，产生了“三十六计”中的第二计——围魏救赵。

魏国攻打赵国邯郸，邯郸形势危急，于是向齐国求救。孙膑向主帅田忌建议：“现在魏国出兵攻打赵国，他们的精锐部队都调到外面去了，国内留下的都是一些老弱残兵。你不如率军奔袭魏国国都大梁，占据它的交通要地，冲击它守备空虚之处，魏军必然要撤兵回来自救。这样，我们便一举两得，既为赵国解了围，又叫魏兵疲于奔命。”田忌采纳了这个方略。魏军果然放弃邯郸回师救援大梁，而田忌在魏国的桂陵截击魏军，把魏军打得落花流水。（《史记·孙子吴起列传》）

在《孙膑兵法》中有“擒庞涓”章节，记载庞涓在“桂陵之战”中被孙膑俘虏，后来通过战后的外交斡旋才得以回魏国。然而，司马迁并不相信此种说法。

此外，魏惠王除了错失孙膑外，错失的另一个人才就是商鞅。

商鞅尚未成名之前，曾担任魏国宰相公叔座的侍从。公叔座病危时极力向魏惠王推荐商鞅，甚至建议如不能用他，就杀了他，以免他为别国所用。魏惠王认为公叔座已经病到头脑不清楚了，才会要他将国家重任托付给年轻又没有治国经验的商鞅，因此既不重用商鞅，也没杀了商鞅。商鞅后来抵达秦国，在秦孝公的全力支持下，进行了历史上著名的“商鞅变法”，彻底改造了秦国的政体，使秦国奠定了在战国时代称霸的基础。魏惠王不能知人用人，同时错失战国时代最杰出的军事幕僚与治国文臣，因此，可以说未上战场胜负已分。

孙膑的第二任老板是齐宣王（公元前 350 —公元前 301），在他统治期间，魏惠王第二次和齐国交手。在著名的“马陵之战”（公元前 342 年，今河南范县）中，孙膑把他的军事智谋发挥得淋漓尽致。

魏与赵联合攻韩，于是韩国向齐国告急。齐王又让田忌为将，带兵救韩。田忌率军直扑大梁，魏将庞涓闻讯后，急忙从韩国撤兵，赶回魏国东境阻击齐军。但这时，齐军已经越过边界，进入魏国腹地了。孙膑对田忌说：“魏国人以剽悍勇猛著称，素来瞧不起齐国人，认为齐兵胆小。善于作战的人，就是要将计就计，因势利导，引诱他们上当。兵法上不是说过吗，每日行军百里赶去和敌人争利的，就会折损自己的上将；每日行军

五十里与敌人争利的，部队就会减损一半。我们就按照这个战术思想来麻痹他们，我军进入魏境的头一天，在营地上安排给十万人做饭的灶炉；第二天，安排给五万人做饭的灶炉；第三天，只安排给三万人做饭的灶炉。”

庞涓接连三天追赶齐军，并且注意观察齐军的营地。庞涓高兴地说：“我早就知道齐国人是胆小鬼，进入我国境内才三天，开小差的就超过一半了。”于是，庞涓下令甩掉步兵，只带着一只轻装的骑兵昼夜兼程地追赶齐军。孙膑估计到天黑时，魏军可以赶到马陵。马陵道路狭窄，两旁地势险要，可以埋下伏兵。于是孙膑叫人把路边的一棵大树削去树皮，在露出白木之处写下“庞涓死于此树之下”。然后，调集万余名善射的齐兵埋伏在山路两旁，并告诉他们：“天黑以后，只要看见有人点火把，你们就一起放箭。”

当天夜里，庞涓果然带兵进入马陵道，来到这棵大树下，他看树上仿佛写着什么，于是叫人点起火把来照看，结果树上的字还没看完，两旁埋伏的齐兵就已万箭齐发，魏军一下子乱成一团。庞涓知道大势已去，自己没有任何胜算，只好拔剑自杀了。临死前他又恨又气地说：“这下可成就了孙膑这小子的名声了！”齐军乘胜追击，彻底打败了魏军，并且俘虏了魏国太子申，然后凯旋。（《史记·孙子吴起列传》）

此段“马陵之战”的描写，和“财报”有两处关联。

1. 孙膑和《孙子兵法》都强调数量化思考。孙膑与孙武都非常重视思考的数量化，因为如此才能进行严密的规划。在上述故事中，有些数字是直接出现的，例如，“每日行军百里……行军五十里……进入我国境内才三天，开小差的就超过一半了”。而有些数字则是间接出现的，例如，“孙膑估计到天黑时，魏军可以赶到马陵”。此处孙膑的估计，就是在进行数量化思考，表面上看不到数字，但其实有数字，乃是斟酌庞涓轻装备军队的行军速度所做出的综合判断。由于财报正是商业活动数字化的呈现，因此财报与《孙子兵法》的联结其实是理所当然的。

2. 孙膑和《孙子兵法》都重视“诡道”的存在。所谓“兵者，诡道也”。(《孙子兵法·始计篇》) 在马陵之战中，孙膑在军队“进入魏境的头一天，在营地上安排给十万人做饭的灶炉；第二天安排给五万人做饭的灶炉；第三天只安排给三万人做饭的灶炉”——这就是“诡道”。庞涓其实也是个使用信息的高手，他用灶炉的数目作为观测敌方人数与士气的指标。由灶炉的数目推断军队数目（真相），原本就会有衡量误差；再加之碰

到孙膑这个绝顶高手，由于了解庞涓的思考模式，故意提供扭曲决策的信息（作假），这些都导致庞涓做出了错误的决策。

财报是由许多数字组成的，而财报数字的结构，由以上案例可以表达如下：

财报数字＝经营真相＋衡量误差＋故意作假

利用财报数字来呈现“经营真相”，并且尽量降低“衡量误差”是“正道”；以财报数字来“故意作假”，是“诡道”。遗憾的是，“诡道”本来就是资本市场中无法避免的现实。我们不要行“诡道”，但不能不深刻地了解“诡道”。

此外，在财报中，“诡道”可以有更宽广、更中性的解释。广义的“诡道”，不一定是作假骗人、造成他人的经济损失，它可能是提醒我们“不能天真地直接陈述事实”。例如，在公司的法人说明会中，有些提问的目的其实是策略性的套话（如客户的订单）。公司首席执行官虽然不能欺骗法人，但也不能完全坦露。

“上下都亢”的思考架构

孙膑的军事思想对商业智谋的启发，可以归纳成“上下都亢”的思考架构。

何谓“上下”

所谓“上下”，完整的说法其实是指“上驷、中驷、下驷”。它源于前述《史记·孙子吴起列传》，是由孙膑归纳出来的“以己下驷对彼上驷，以己上驷对彼中驷，以己中驷对彼下驷”的战法。这一招简单巧妙，赛马的整体实力较差者，按照原来的比赛规则，本来是三场皆输的结果，但通过对资源的巧妙配置，结果变成二比一而获胜。

两千多年来，这一招启发了很多弱者在面对强敌时如何取胜的

智谋。一般认知的弱势方（下驷），要集中全力在自己的优势项目（产品或服务）上，用以攻击强势方（上驷），目的是通过聚焦创造局部优势，以求取胜利。“下驷”累积许多小胜，逐渐达到质变，最后翻转局面，反而成为“上驷”。而原来的“上驷”，往往忽略小败的后果，于是逐渐衰弱，最后变成“下驷”，甚至破产灭亡。此点我会在第五章“沃尔玛（Walmart）VS 凯马特（Kmart）”中详细讲述。

在企业竞争中，要如何衡量“上驷、中驷、下驷”呢？最简单的方式是利用财报上有关规模的数字，如年度营收或者资产大小，也可以结合财报与资本市场信息，如企业的市场价值（公司流通在外的股票数量乘以每股股价）。然而，“上驷、中驷、下驷”的非财报衡量，往往是决胜的先行指标。这虽然较为主观，但非常重要。例如，企业领导者格局的大小和意志的强弱、公司商业智谋的优劣、企业团队士气的高低等，都决定着企业的成败。很常见的情况是，在财报衡量上的“下驷”（如中小企业），在企业家精神与商业智谋层面上，其实是“上驷”。而在财报衡量上的“上驷”（如大型企业），在企业家精神与商业智谋层面上，常常已经是僵固退化的“下驷”。在长期竞争中，非财报衡量的“上驷”最后终将胜出，成为名副其实可以用财报衡量的“上驷”。

此外，《史记·孙子吴起列传》中事件的背景是赛马，所以区别“上驷、中驷、下驷”的标准是马的速度。但如果背景换成马术竞赛中的障碍跳跃，要求选手骑着马，按照规定路线，以一定顺序跳过十二个到十五个障碍物（水池、模拟石墙等），在这种情况下，区别“上驷、中驷、下驷”的标准，就不是速度，而是人马合一的障碍跳跃能力。再者，骑士和马匹面对“竞速”或“障碍跳跃”等不同的比赛项目，训练的方法也大不相同。具体到公司的经营管理上，如果公司原本的关键能力是高超的成本控制能力，以及随之而来的低价销售策略，那么在强调提升顾客整体消费体验的时代（如信息的搜索与反馈、配送的速度与便捷），由于经营重点的改变，旧“上驷”可能会水土不服，失去以往的竞争优势，沦为新“下驷”。

何谓“都亢”

所谓“都”，原意为国君居住的地方。在企业经营中，“都”可以引申为整个决策机制：包括决策者（个人或团队决策）、决策过程（如预算必须正式三读通过，或以非正式方式决定预算）、决策标准（是否采用正式的投资回报率计算）等。

所谓“亢”，原意为人的颈部，因为颈部有输送血液的大动脉，是性命攸关之所在。在企业经营中，“亢”可以引申为关键资源或关键部位。

在上述“孙膑斗庞涓”的过程中，孙膑在“桂陵之战”及“马陵之战”，连续两次都使用攻击“都”（魏国首都大梁）的战略，逼迫庞涓放弃原来已经快要攻占的目标。而“亢”可理解为军队的兵力（关键资源）。孙膑利用扭曲自身关键资源的状态（军队做饭的炉灶数量连续三天减少），诱导庞涓对自身的关键资源做出错误的分配（甩掉步兵，只用轻装骑兵快速追赶齐军）。

在《史记·刺客列传》荆轲刺秦王的故事中，荆轲也曾运用“都亢”的战略，不过其偏向于心理战。当秦国大将王翦攻破赵国，大军逼近燕国南方边境时，燕国太子丹催促荆轲赶快出发，执行刺杀计划。荆轲冷静地分析道：“就算现在出发，如果燕国投降之心无法取信于秦王，也无法接近他。”为了接近秦王，荆轲准备的诱饵有：

1. 秦国叛将樊於期的头颅。这是要满足秦王对叛将的私愤。

2. 燕国“都亢”地图。把燕国政治中心（都）与关键险要（亢）的信息，通过地图全部揭露，以此显示燕国归降的诚意。

就这个心理战而言，荆轲是成功的，他借此取得了近距离接触秦王的机会。至于后续刺杀失败，则是另一个问题。

就经营管理而言，企业在短期经营中最明显的“亢”就是现金流量，一旦被切断，企业就会立刻陷入危机，类似人类疾病中的心肌梗死。而企业在长期经营中的“亢”，就是指接班人才。接班人才的培养，一二十年的努力都未必能够成功，更何况在没有长期的人才培养计划与制度的情况了。没有优秀的接班人才，企业会加速走向衰弱或灭亡。

《易经·乾卦》中的上下驷定位

另外一种思考“上驷、中驷、下驷”的方法，是参考《易经》的“乾卦”。“乾卦”可以代表企业主动性的成长力量，而在企业成长过程中有六个不同位置（如图 2-1），可区分为“下驷”、“中驷”及“上驷”三种类型。

下驷

初九：潜龙勿用。

• 意思是：龙潜伏着，不宜有太明显作为。

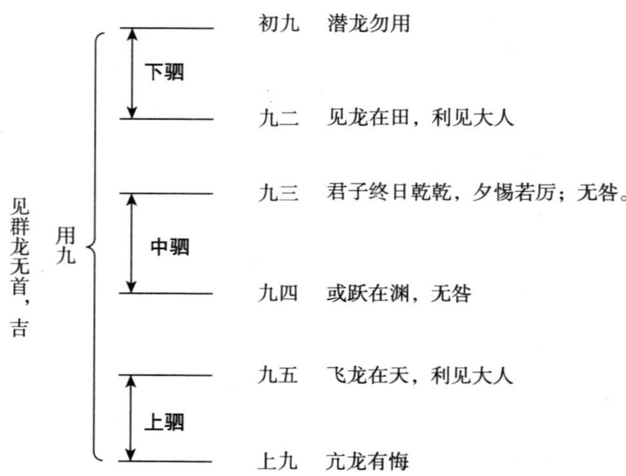

图 2–1 《易经·乾卦》代表的企业成长力量

• 企业经营含义：对于基础尚不稳定、竞争力还不够强的新创企业，适合低调地发展自己的利基，避免太早与行业领先者进行有杀伤力的竞争。例如联发科技（Media Tek）创业初期的主力产品是光驱芯片，避开了英特尔（Intel）个人计算机芯片的主力产品及其产品发展方向。这种“离英特尔愈远愈好”的策略，是高明的商业智谋，其精神就是“潜龙勿用”。

九二：见龙在田，利见大人。

• 意思是：龙出现在地面上，适宜见到大人。

• 企业经营含义：当企业累积了一定的实力后，开始在市场上崭露头角、形成口碑。此时，若某个大客户给了一张大订单或提供了一个大机会（即“利见大人”），该企业就会快速成长，逐渐发展到更高一个层次。

中驷

九三：君子终日乾乾，夕惕若厉，无咎。

• 意思是：整天勤奋不休，晚上还戒惕谨慎；有危险，但没有灾难。

• 企业经营含义：企业成长到一定阶段后，需要进行整体的提升。例如，建立完整严谨的财务、内控系统，建立策略规划及重大投资评估的正式机制，建立现代化的信息系统，等等。这个过程从表面上看不到明显收获，却是企业日后跃升的重要阶段，必须持续

努力精进。

九四：或跃在渊，无咎。

• 意思是：或往上跃升，或留在深渊，没有灾难。

• 企业经营含义：此时企业的规模已经相当大，成为所谓的“区域性重要厂商”。但必须继续累积动力向上跃升，才能真正成为全球性企业。例如，台积电在半导体产业中，就曾经走过这个阶段。

上驷

九五：飞龙在天，利见大人。

• 意思是：龙飞翔在天空，适宜见到大人。

• 企业经营含义：在企业气势最旺之时，有大客户的大订单及源源不绝的新客户新订单，一切看起来都顺遂无碍。20 世纪 90 年代的沃尔玛、2014 年之后的亚马逊就处在类似的这个阶段。处于此阶段的企业，在财报上可以看到营收、获利、现金流快速成长；在资本市场上，可以看到其市场价值急速上升。

上九：亢龙有悔。

• 意思是：龙飞得太高，已经有所懊悔。

• 企业经营含义：企业达到成长的顶峰之后，或因为心生傲慢，或因为大环境发生变化，或因为有破坏性创新的竞争者出现，企业开始出现成长瓶颈，甚至开始衰退。目前的沃尔玛，就约略处在这个阶段。而“心生傲慢”，有可能是对竞争对手的财报信息因为“看不懂”而“看不起”。本书第五章会讨论这种认知上的误解。“亢龙”有可能找到一个新事业的契机，又由“潜龙”重新出发，如此循环不已、生生不息。但也有许多“亢龙”从此一蹶不振，被市场淘汰。

用九：见群龙无首，吉。

• 意思是：就“乾卦”整体而言，没有首脑是件好事，吉祥。

• 企业经营含义：这句话有许多不同解释，其中一个有趣的解释是指企业内人才济济，没有强力的领导人（群龙无首）也无妨。这样的公司，既能传承既有事业，又能开枝散叶，衍生出许多新创公司，真是经营上大吉大利的事情。在这种情况下，群龙无首是公司人才培育上的最大成就。

《孙子兵法》的财报结构

《孙子兵法》可以和财报紧密结合，我将它整理成以下的架构（见图 2-2），在随后的章节中再一一加以讨论印证。图 2-2 中有关“攻防”“形势”“虚实”“奇正”“道、天、地、将、法”等抽象概念，其实都可以有具体的财报衡量方式，进而成为提升商业智谋的工具。例如，在企业经营中有现金含义的交易是“实”数（购买土地、厂房、设备），而各种为了计算企业损益所创造出来的调整数或估计数（折旧费用、坏账费用等）则是“虚”数。无论是在企业经营实务中，还是在资本市场评估企业市场中，只有“虚”与“实”并重，才能做出正确的决策。

最后，《孙子兵法》对我们最大的启发，是必须用他人的角度来看待问题，用他人的思考模式来想问题，努力做到“缩小自我、扩大他人”，以达到高度的客观性。人一旦有了这种客观性，再加上具备深刻理解顾客需求的“慈悲心”，就是企业最好的人才。而人才中的人才，就是“人杰”（刘邦语，出自《史记·高祖本记》)。财报数字是工具，能爱惜人才，网罗人杰，才是企业长期兴盛的最重要原因。

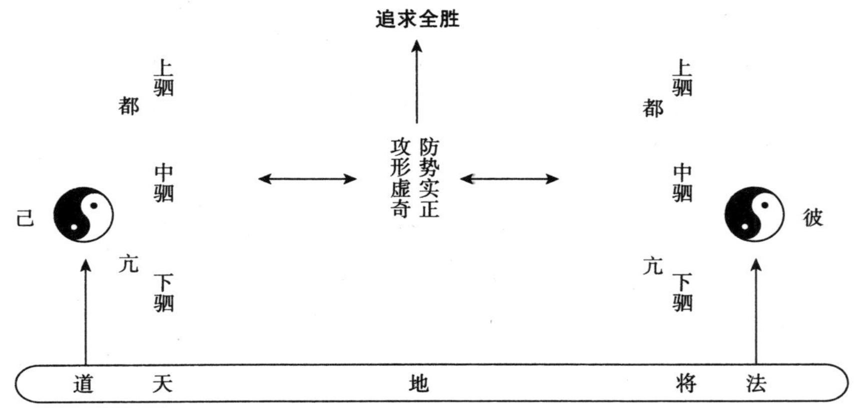

图 2-2　财报的兵法结构

商　业　智　谋　篇

// 第三章　死生之地，存亡之道——先处战地而待敌者逸，后处战地而趋战者劳

// 第四章　道、天、地、将、法——知之者胜，不知者不胜

// 第五章　兵闻拙速，未睹巧之久也——沃尔玛 VS 凯马特

// 第六章　无穷如天地，不竭如江河——亚马逊 VS 沃尔玛

// 第七章　善战者，胜于易胜者也——台积电 VS 三星电子

// 第八章　绝地勿留，围地则谋，死地则战 | **某光电公司总经理　陈子兵**

具备卓越商业智谋的领导人，一般有以下四个特质：

1. 对于决定企业生死存亡的议题，有快速敏锐的警觉与认知。

2. 能迅速理解企业整体现状，面对复杂且不确定的未来能够深思定位及对策。

3. 能注意每个决策背后对竞争生态的深层影响，例如短期VS长期、直接VS间接、有形VS无形。

4. 具备果断的决策与执行能力，对错误与失败能迅速察觉，并且有弹性地做出取舍、重新布局。

商业智谋对企业最大的价值，是能创造积极追求成长的心态。具体而言，就是商业智谋能让企业领导人：

1. 对于“谁是顾客”及“如何创造顾客的独特价值”，有细腻且深刻的认知，并以此引导创新。

2. 让企业各个部门理解如何通过协同合作，创造更美好的顾客经验，并提升为企业创造价值的执行力。

3. 创造合理的产业竞争生态，产生更大的“全胜”赢者圈。

4. 培养企业各层面更多“器大识深”的接班人，使其成为未来影响企业兴亡的人才或人杰。

然而，卓越的商业智谋必须建立在真诚的企业伦理上，如此才能相辅相成、可持续发展。

在本部分，我将以大量的具体案例配合丰富的财报图表，阐述《孙子兵法》中的重要观念和分析方法。

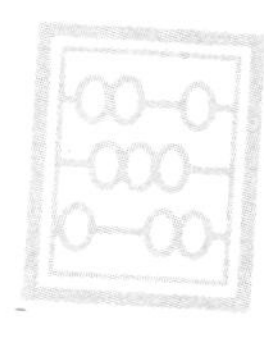

死生之地，存亡之道

——先处战地而待敌者逸，后处战地而趋战者劳

英特尔前总裁安迪·格鲁夫（Andy Grove, 1936—2016），被公认为20世纪最杰出的企业领袖之一。格鲁夫对具有“问责”精神的领袖应该如何“自问”，有以下极为传神的写照：

> 我担心产品会不会搞砸，我担心产品是不是推出太早；我担心生产线绩效不好，我担心生产线数量太多；我担心没有用对人，我担心他们士气低落。当然，我也担心竞争者，我担心他们想出比我们做得更好或做得更便宜的方法，抢走我们的客户。但这一切，比起我对“战略转折点”（strategic inflection points）的担心，都变得黯然失色。

格鲁夫所谓的“战略转折点”（如图3-1），指的是当产业发展到一定程度，会面临一个全面的环境变化。若能抓住这个转折点，企业就有机会一飞冲天；但如果不能预测转折点的到来，或者对其应对不当，企业就会走向衰败甚至灭亡。而且，在“战略转折点”中开始下滑的公司，鲜有能够重现过去的企业荣景的。格鲁夫这一番“自问”，道尽了古今中外杰出领袖的共同心态，那就是“先天下之忧而忧，后天下之乐而乐”（范仲淹《岳阳楼记》）。

在图 3-1 中，横轴是时间。然而，格鲁夫并没有具体定义纵轴为何，它可能是财报指标（如营收），也可能是非财报指标（如市场饱和度）。

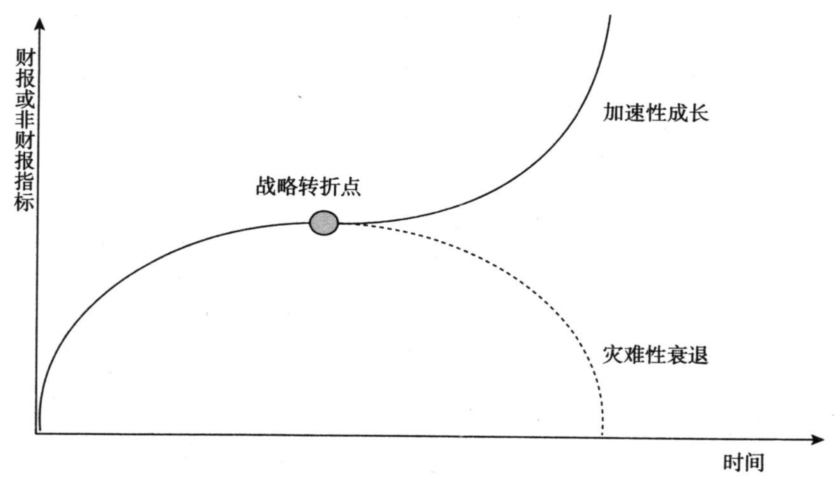

图 3-1 格鲁夫“战略转折点”示意图

格鲁夫深刻的“自问”，直指《孙子兵法》令人震撼的开场白：

兵者，国之大事，死生之地，存亡之道，不可不察也。（《孙子兵法·始计篇》）

只要把“兵”改成“竞争”，“国”改成“英特尔”，“死生之地”改成“战略转折点”，其余字句不变，那么《孙子兵法》这段话完全可以描绘格鲁夫的企业经营思想。而作为一个具有“问责”精神的领袖，格鲁夫知道他最重要的工作是——“如何在战略转折点到来时，提出有效的存亡之道”。

当然，如果领导人在战略转折点到来之前，就能想好“存亡之道”，这自然更好，但这实在太难。《孙子兵法》中有句话非常发人深省：

> 先处战地而待敌者逸，后处战地而趋战者劳。（**《孙子兵法·虚实篇》**）

意思是，作战部队如果能先到达战场，就可以取得“以逸待劳”的优势；如果太晚到达战场，便只能被动地应对战场形势，自然会非常疲惫。由格鲁夫“先天下之忧而忧”的情怀来看，对领导人来说，最重要的并不是“人”先到战场，而是“心”要先到战场。对“战略转折点”的认知，经常是事后聪明，很难事先预测。领导者只有用“心”持续深思未来战场（市场）的种种可能，当战略转折点真正来临时，才可能迅速认知与反应。

“战略转折点”也可以看成是“心态转折点”。例如，亚马逊首席执行官杰夫·贝佐斯（Jeff Bezos）把严守创业初衷的心态称为“Day1”。而亚马逊的初衷有二：

1. 为投资人创造长期价值。
2. 沉溺于满足顾客需求。

严守初衷，让亚马逊得以保持以丰富消费者体验为中心的创新能力。而偏离初衷的心态，贝佐斯把它叫作“Day2”。“Day2”就是停滞不前，接着就是与市场脱节，再接着就是难以忍受、极端痛苦地衰退，最后就是死亡。

值得我们深思的是，“战略转折点”一词出自格鲁夫的名著《只有偏执狂才能生存》（*Only the Paranoid Survive*）。“偏执狂”这个词，格鲁夫用得重、用得好；“沉溺”（obsess）这个词，贝佐斯也是用得重、用得好。这两位杰出的企业领导人，都以接近“精神病”的词汇，彰显“用心”的强度和深度，真是令人敬畏佩服啊！

一体感的产生——天下兴亡，匹夫有责

创业者在创业过程中经常面对生死存亡的挑战，很容易体会《孙子兵法》开篇之语的深意。除了企业的创办者，企业中有意识并且有能力看见整个公司的“死生之地”，深思公司“存亡之道”者极少，有的甚有至一个都没有。一个成熟的企业，可能不乏研发技术、生产品管、会计财务等专业人才，但往往极度缺乏真正优秀的通才。在一个企业里，研发、技术、销售或财务的中高层管理者可能在专业方面很优秀，但与企业的创业者或执行官比起来，眼界、器识仍然有很大的差距。

虽然通才难得，但“问责精神”乃至“问责文化”必须从每一个基层员工、每一个小单位、每一件小事情做起。企业极重要的“问责指标”，指的是有多少人真正把他们的工作视为公司的“死生之地”，把做好自己的工作当成公司的“存亡之道”。

在思考“死生之地”（战略转折点）时，如何导入数量化的工具是另一个挑战。例如，公司财报中有哪一个（或哪几个）数字或财务比率，可以被看成是公司的“死生之地”？本书稍后章节，将以实际个案来阐述此观点（例如管销成本、毛利率等）。

在给企业界上“有关《孙子兵法》与企业管理”的课时，我会把课程名称定为“财报与《孙子兵法》”。在课程一开始，我喜欢让参与的高管自由填写以下填空题，我称之为踢“自由球”。

“（①）者，公司之大事也，死生之地，存亡之道，（②）不可不察也。”

其中，

①指的是公司里面的任何一项工作或议题。

②指的是应该为这件事或这个议题负责的主管。

我会请每个人快速地把他们所写的①和②念出来，但不必做任何解释。其实，光是在大家念一遍①的过程中，就足以发现三件事：

1. 大家的意见有非常大的分歧。

2. 不同的意见，非常清楚地反映了每个人的背景和工作职务（如研发主管就会强调研发的重要性）。

3. 要如何沟通、协调、整合这些不同的意见，产生一个共同的方向，是一项高难度的工作。

关于②，大家对谁必须负责有不同意见，根据其影响是直接的或间接的，加以讨论如下：

直接影响：问题或议题的直接负责人。例如，有关现金流的问题，事关公司财务主管的现金调度能力，他要对此负起直接责任。

间接影响：问题或议题的间接负责人。例如，会造成现金流不足的根本原因，可能是运营主管的预期销售金额与实际销售金额的落差太大。看似间接影响，但其实对于现金流最该“问责”的可能不是财务主管，而是运营主管。

“问责”的真正精神，是能够产生组织的整体感，对认知问题的产生与解决，不论是直接相关还是间接相关，大家都有责任共同面对解决。而“问责”最要不得的现象有三种，即有权无责、推诿卸责及互相指责。

格鲁夫的商业智谋——上驷之“都亢”决策

在“死生之地”，企业做对决策走向“生地”的概率甚少，但至少可以持续一段时间的繁荣（时间越来越短）。相对地，企业做错决策走向“死地”的，概率则高出许多，而且通常困境很快就会到来。虽然《孙子兵法》中有“投之亡地然后存，陷之死地然后生”（《孙子兵法·九地篇》）的论述，但“死地”之风险极为可怕，最好的策略还是不要陷入“死地”。

英特尔虽然是产业中的“上驷”，但当它要迎接战略转折点的挑战时，仍须面对第二章所讨论的“都亢”问题。格鲁夫认为，即使是再高明的经理人，也不可能无时无刻都对产业的发展趋势有着精准的判断。在变化快速的半导体产业，要能精准判断产业走势更加困难，对此，格鲁夫发展出一套方法，他宣称：

先让混乱统治，接着再统治混乱（Let chaos reign, then

rein chaos）。

格鲁夫的商业智谋可以简述如下：

1. 保持局面混乱，看似失控（chaos rein）；

2. 开始消除混乱，高明掌控（rein chaos）。

格鲁夫的意思并非是要经理人无所作为，坐以待毙；而是要经理人冷静有耐心地观察混乱的环境，并从中领悟出新的秩序，再借由这个秩序回头控制住混乱的局势。那么格鲁夫具体的做法是什么呢？答案就是善用“人才的探索力”和“钱财的稳定性”。其中，“人才的探索力”指的是中层主管的自主决策（都），“钱财的稳定性”指的是现金的充沛。

自 2000 年起，格鲁夫卸任英特尔首席执行官的职务，改任董事长。此时，格鲁夫将他过去主导英特尔市场竞争的战法，整理成如表 3-1 所示，这也成为阐明何谓“都亢”的极佳案例。首先，格鲁夫以“谦虚”之态表达他对市场动态的最大尊敬。因为自知不足，所以除了公司策略规划的整体性作为之外，格鲁夫还强调要让中层主管拥有相当程度的自主性开发的重要性。而中层主管自主性开发的多寡，会具体表现在他们所被分配到的资源上。

表 3-1　英特尔不同阶段的议题及资源分配

年	1976	1984	1989	1991	1998—2001	2003	2005
主要策略议题	①转型进攻微处理器	②进攻新型微处理器及网络通信相关产品（如 Pentium 及网卡芯片）				③整体平台服务研发	
公司策略规划（%）	75	65	66	87	65	70	50
员工自主开发（%）	25	35	34	13	35	30	50

中层主管虽然不是企业中最核心的人物，却是最靠近第一线市场竞争的人物，即使他们的所作所为未必能完全符合公司当下的策略，但总是能反映出市场最直接的变化。格鲁夫发现了这点，并决定善加利用。

格鲁夫并不强制经理人百分之百按公司的策略行事，分配在公司目标（正式策略重点）及自主开发（由中层主管自主提案）的资源如表 3-1 所示。

英特尔在三个不同阶段的资源分配如下：

第一个阶段：20 世纪 70 年代，英特尔在策略上仍专注计算机内存等相关产品的开发。但中层主管发现，内存订单的利

润还不如一些微处理器相关的订单获利高，于是开始往微处理器方面进行研发倾斜。英特尔发现了这种现象后，并没有责怪这些主管不遵从公司策略，反而将25%的资源投入微处理器的自主开发，这让英特尔在20世纪80年代成为微处理器的王者，这就是英特尔最著名的战略大转折。

第二个阶段：在配合IBM的战略之下，英特尔的x86系列微处理器成为主力产品，并帮助英特尔成为20世纪90年代的微处理器领导厂商。市场也相当看好英特尔的表现，其2000年的市值甚至达到了2 744亿美元，创下历史新高（见图3-2）。但英特尔并没有因此而满足，而是继续依循前述双轨并进的决策方式（都），将公司六成到八成的资源（亢）放在公司主推的产品上，剩余的四成到二成资源则继续研发x86系列以外的自主开发产品。随后问世的Pentium架构处理器及网卡芯片组等产品，都是英特尔自主开发的结果。

第三个阶段：随着研发的产品越来越多样，英特尔在公司目标以外投入的资源也逐渐增加。2003年后，英特尔推出以整体方案提供服务的平台计划，也就是后来的迅驰（Centrino）。英特尔不只提供处理器，还提供其余产品如主板及无线网卡等，并将各种产品组成一个平台贩卖。到2005年，英特尔的资源分配已经达到企业战略占50%，自主开发占50%。

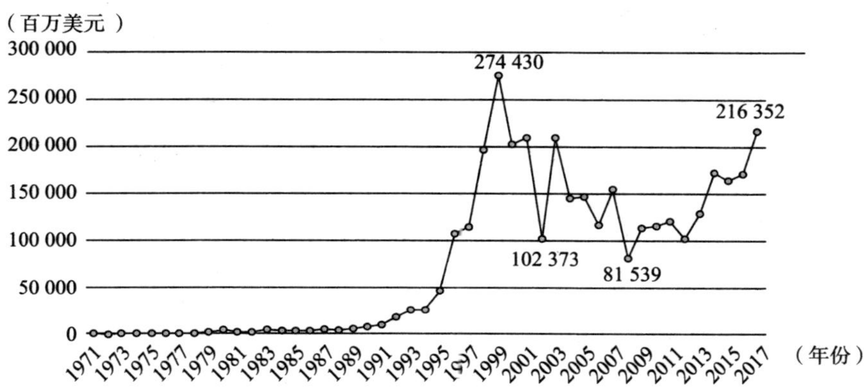

图 3-2　英特尔 1971—2017 的市值

对格鲁夫来说，他认为公司随时都要找到足够的自主开发机会，并且在其中配置适当的资源。以表 3-2 来说明：

①若能找到一个能确认为很有前景的开发机会，且有足够的现金资源，对公司来说，这就是一个“安全赌注”。

②若是现金充足，而前景却不确定，那这是一个可以“先缓再赌”的决策。

③若有前景却资金不足，那么这个赌注是“大胆豪赌”。

④最后，若这个机会的前景既不能确认，企业也没有足够的现金给予支持，这个赌注便是“绝望狂赌”。所以，具有“问

责”精神的领导要经常保有“先处战地而待敌者逸”的状态。

表 3-2 英特尔市场机会和现金资源的搭配

现金资源	自主开发机会	
	已能确认	未能确认
充足	①安全赌注	①②先缓再赌
不充足	③大胆豪赌	④绝望狂赌

格鲁夫表示，英特尔在他任内只发生过①和②两种情况。而如何让企业一直在有充足资源的前提下，投入研发有希望的产品，将是企业维持竞争力、避免掉入险境的重要课题。

以 1976 年的英特尔为例，该年英特尔的现金及短期投资为 2 638 万美元，且没有长期负债，财务状况相当稳健。所以即使当年将 25% 的资源投入自主开发中，其现金资源仍相当充沛。英特尔首次因需求不如预期而出现亏损的 1986 年，现金及短期投资也有 3.73 亿美元的水平，比当年的长期负债 2.87 亿美元多出许多。在 1988—2005 年间，英特尔只有两年（1991 年、1993 年）出现了负现金流的情况；其余 16 年，英特尔都有正现金流，以一家不断寻找新利基的半导体企业来说，这是相当难得的。2005 年，英特尔自主开发的比例已拉高到 50%，但仍拥有充沛的现金，该年现金与短期投资为 127.72 亿美元，长期负债为 21.06 亿美元。

由此可以看出，格鲁夫应对战略转折点的方法，重点有二：第一，利用中层主管作为公司找到新方向、新机会的“千眼千手”。前提是中层主管的资质必须非常卓越，否则没有能力进行相当大规模的自主开发。英特尔是产业的“上驷”，拥有为数众多的高质量人才（中层主管），但大部分的公司（中驷及下驷）并没有这种人才库。第二，英特尔一直有充沛的资金库存和现金流量，这使其在转型的过程中能保持财务上的平衡及稳定。

如何突破下降趋势

大多数企业进入下降趋势后便从此一蹶不振，只有少数企业可以找到另一个上升的通道。微星科技（MSI）就是个很好的例子。

微星科技创立于1986年，于1938年上市，早期以主板、显卡等产品起家，但随着2007年台式计算机市场逐渐饱和，微星转而投入笔记本计算机市场行列，并在2008年获得不错的成绩。2009年，笔记本计算机市场进入厮杀期；2010年，iPad等平板计算机

大量上市，这让笔记本计算机市场的情况雪上加霜。当时如华硕、宏碁等笔记本计算机龙头厂商都不得不调整布局，寻找笔记本计算机以外的生路；身为二线厂商的微星更是前途堪忧。因此，微星股价由 2001 年高点新台币 159 元，惨跌至 2012 年新台币 13.95 元（市场价值则由新台币 600 亿元跌到新台币 118 亿元，见图 3-3）。看似黯淡的前途，使得微星爆发离职潮，笔记本计算机部门走了将近一半的员工，主板等相关部门也走掉近 1/3 的员工。微星陷入了困境之中。

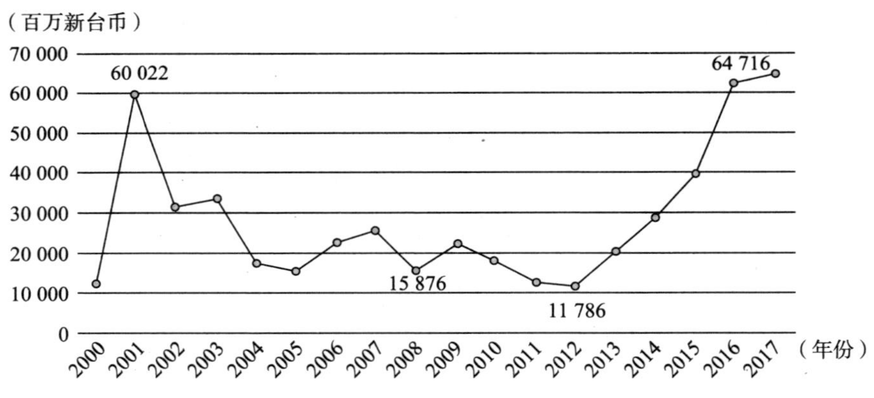

图 3-3　微星的市场价值走势图

微星在个人计算机产业中大概处于“中驷”的地位。微星不像英特尔那样有强大的中层主管，微星的“都”，就是公司五位创始人的集体决策。面对此种困境，他们决定不再走华硕、宏碁等大厂以量制价的模式，避开对手的强处，改走当时无人耕耘的电竞笔记本计算机市场，寻找新的利基点。微星在衰弱中仍保有相当强健的现金流（亢）。2009—2012 年间，微星的获利只有新台币 2.4 亿～ 8.6 亿元，相较于 2007—2008 年新台币 20 多亿元的获利而言，衰退了很多。而在由主板厂商转型为电竞笔记本计算机厂商的这段时间内，微星的现金流其实相当稳固。2009—2012 年间，微星的现金都维持在新台币 100 亿元左右的水平，约占总资产的 20%；而微星这几年的长期负债极低，只有新台币 5 000 万～ 7 000 万元，约占总资产的 0.1%。若观察微星这几年的现金流量表，可以发现自由现金流量（营运活动流入现金减掉资本支出）都为正数，2009 年为新台币 18.42 亿元，2012 年为新台币 15.78 亿元，这代表微星的营运现金流都能支撑投资现金所需。

微星是少数拥有自己生产线的笔记本计算机品牌，这个特色成了微星进军电竞笔记本计算机的最大筹码。在电竞笔记本计算机萌芽的初期，市场上每个月的出货量极少，可能只有数千台，一般厂商很难找到代工厂。但拥有自己生产线的微星无此担忧，甚至可以利用这点，抢先生产新的机种，在产品设计上也有更多元的选择。此外，微星在电竞笔记本计算机上，将研发、设计、制造等都一手包办，是少见的“一条龙”公司。这使得微星可以随时根据市场的反应及变化，迅速调整自己的产品，这对电竞笔记本计算机这个萌

芽的市场来说，是相当有力的武器。

然而，微星并不满足于单纯利用自己产能上的优势，这家公司还另外做出一个创举，那就是任用“年轻电竞选手”作为产品部的负责人。微星找来了陈冠全担任微星笔记本计算机产品项目协理，陈冠全曾是知名游戏《星际争霸》的高手，对于电竞在笔记本计算机上会有什么样的需求相当了解。借由电竞选手设计出来的笔记本计算机，微星的电竞笔记本计算机在电竞圈里深受好评，消费者使用体验良好，认为微星是相当专业的电竞品牌，这大幅提升了微星的品牌形象。

微星也相当积极地参与电竞圈的活动，例如举办比赛、赞助电竞队伍等，电竞圈上上下下都可以看到微星的影子，许多比赛也全程使用微星的产品，使其曝光度大大提升，微星亦借此获得了与重要零件供货商优先合作的机会。

近年来，随着《英雄联盟》《Dota2》等电竞游戏逐渐兴起，在电子竞技与 Twitch（面向视频游戏的实时流媒体视频平台）等游戏直播持续发烧的状况下，电竞市场快速增长。根据国际调研机构 JPR（Jon Peddie Research）的数据显示，2016 年全球电竞硬件市场规模已突破 300 亿美元，未来也将以 6% ~ 7% 的水平继续成长，前景相当看好。2016 年，微星营收为新台币 1 021.9 亿元，相比 2012 年的 670 亿元新台币高出许多，股价也达到了新台币 73.6

元。目前，微星约有 34% 的营收来自笔记本计算机，主板占 27%、显卡占 24%、其他系统占 16%，其中电竞笔记本计算机占笔记本计算机营收约 80% 以上。根据拓墣产业研究所（TRI）的数据显示，2016 年微星在电竞笔记本计算机的全球占有率为 19%，为世界第一（见图 3-4）。

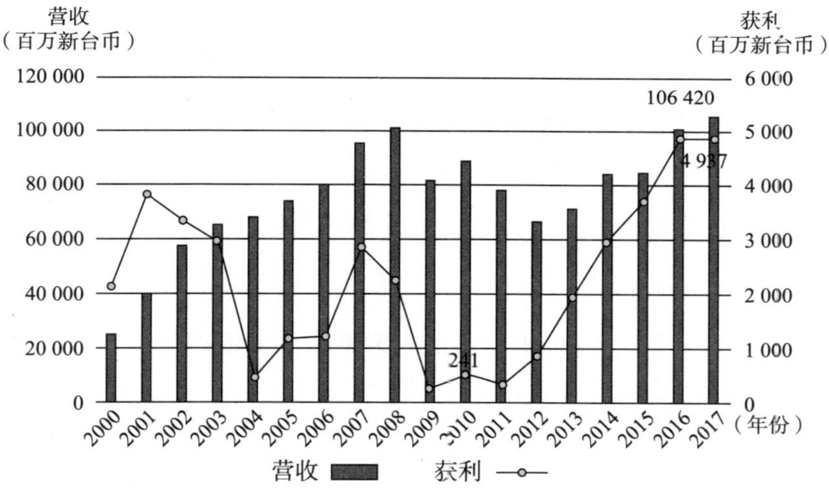

图 3-4　微星的营收与获利示意图

而原本的笔记本计算机竞争对手华硕，看到微星的成功及市场的变化后，也开始跟进。2017 年 5 月，华硕宣布将进行重大的组织变革，将集团划分为三大产品事业群，除原本的计算机事业群（PC BU）和移动运算产品事业群（Mobile BU）外，新设立“电竞计算机事业群”（Gaming BU），想要在这个新利基市场中抢下足够的占有率。

随着电竞笔记本计算机市场逐渐受到重视，愈来愈多的厂商加入竞争。除了华硕之外，许多耳熟能详的计算机厂牌如联想、惠普（HP）、宏碁等也纷纷加入，面对众多对手的竞争，微星要继续维持领先地位并非易事。以 2018 年市场调查资料来看，1 月全球 1 000 美元以上价位的电竞笔记本计算机的市场占有率，华硕上升极快，以 22% 夺下第一名的宝座，其次是惠普的 18%，微星以 14% 暂居第三。除了电竞笔记本计算机，微星以电竞为主轴，抢攻电竞主板、电竞显卡、电竞显示器、电竞台式计算机等产品。微星 2017 年营收为新台币 1 064 亿元，较 2016 年上涨 4.1%；获利则为新台币 49.37 亿元，较上一年度上涨 1%，市值约为新台币 640 亿元。虽然电竞笔记本计算机因竞争逐渐激烈，微星在市场上不若以往那样有宰制力，但受惠于显卡因挖矿热潮带动及特殊化的电竞主板等产品，微星的显卡出货量在 2017 年为全球第二，主板出货量则为全球第三。此时，微星在计算机各项产品上都已渐趋“上驷”厂商。

微星在“死地”之中找到重生的机会，避开对手强处，利用寻找及稳固新利基市场的方式，从一个二线品牌，到现在可以在电竞笔记本计算机与华硕等大厂一较高下，甚至成为新的领导厂商，是一个“陷之死地而后生”的好例子。

下降趋势中的“祸不单行”

企业在面临战略转折点时，如果进入下降趋势，会造成负面条件的大量汇集 ，也就是所谓的“祸不单行”。这里的“祸”，有两种类型：

1. 合理商业交易条件的恶化。进入下降趋势财务困难的公司，必须面对较差的商业交易条件，这十分常见，因为所有的交易对手都把对此公司交易的优先级放在最后。例如，提供的产品质量较低、交货期较长、要求支付现金期较短，得到的售后服务较差等。

2. 恶意不诚信的商业行为。因为实力削弱甚至面临倒闭的风险，顾客或供货商可能会对进入下降趋势的公司，做出种种不诚信的行为。例如，恶意的倒账（明明有钱但不付钱）或蓄意的侵权（例如专利）。此时，顾客或供货商认为维持诚信交易的经济利益变差（可能未来不再交易，故无须维持信任），甚至料想公司已经无力、无心讨债或进行法律诉讼。这些恶意的行为，往往令已经体质脆弱的公司，遭受意外甚至致命的打击。

对于还处于不稳定期的新创公司，其产业地位属于“下驷”，在陷入财务危机之后，如何挣扎求生，扭转毁灭性的衰退，请看第八章的讨论。

寻找企业的“左宗棠”

身无半亩心忧天下；读破万卷神交古人。（左宗棠语）

最常见的情景，是成功的领导者心怀对组织“生死之地，存亡之道”的忧患意识。而最难得的人才，是组织中的基层员工拥有“身无半亩心忧天下”的器识，更有着“读破万卷神交古人”、发愤学习的积极心态。例如，清末名臣左宗棠 23 岁时创作以上对联，此时他三次赴京赶考皆落榜，身无功名。而发掘像左宗棠这种有器识、有潜力的“问责人才”，爱惜之，培育之，淬炼之，拔擢之，使其成为“问责人杰”，才是《孙子兵法》中的将才培育之道（详见第九章台积电的范例）。

道、天、地、将、法

——知之者胜，不知者不胜

孙武的另一个千古知己，是现代管理学的奠基者彼得·德鲁克（Peter Drucker, 1909—2005）。2008 年，也就是德鲁克去世后的第三年，在几位重量级管理名家的参与编写下，出版了德鲁克献给世人 37 本著作中的最后一本书——《五个最重要的问题》（*The Five Most Important Questions You Will Ever Ask About Your Organization*）。在这本书中，德鲁克告诉我们必须“自问”五个基本问题。它们分别是：

1. 什么是我们的使命（What is our mission）？
2. 谁是我们的客户（Who is our customer）？
3. 顾客看重的价值是什么（What does the customer value）？
4. 我们的结果是什么（What are our results）？
5. 我们的计划是什么（What is our plan）？

德鲁克要我们思考的这五个基本问题，也正好是《孙子兵法》中评估胜负的五大方面——“道、天、地、将、法”。孙武再三叮咛：

凡此五者，将莫不闻，知之者胜，不知者不胜。（《孙子兵法·始计篇》）

本章的目的，是介绍《孙子兵法》两千多年前就提出来的总体（Macro）“五力分析”（Five Forces Analysis），而 1979 年战略大师迈克尔·波特 (Michael E.Porter) 提出的，是产业竞争结构下的个体（Micro）“五力分析”。

东西两智者各有“五问”

为了印证孙武与德鲁克的千古相知，我把他们各自的“五问”对照列举出来。

我尝试把《孙子兵法》中所讨论的“道、天、地、将、法”中的军事思想，转化成经营管理理念，并赋予其财报方面的含义（见表 4–1）。

表 4-1　德鲁克与孙子的“五问”

德鲁克五问 孙子五问	mission 使命	customer 顾客	customer value 顾客价值	results 结果	plan 计划
道 （使命与价值）	成就使命就是行道				
天 （趋势与市场）		顾客所在就是趋势与市场所在			
地 （企业产业定位）			产业定位在于创造顾客独特价值		
将 （人才与执行）				能交出成果的人才才是大将	
法 （绩效与诱因）					设计达成组织目标的各种管理制度

“道者，令民与上同意者也；故可与之死，可与之生，民弗诡也。”（《孙子兵法·始计篇》）

这句话的意思是，所谓“道”，是要使民众与国君的意愿一致，这样人民就能为国君出生入死，而不背叛国君。简单来说，就是如何做到“志同道合，上下一心”。

范例一：巴菲特高个人持股

在公司的经营上，既是公认的投资大师，同时也是伯克希尔·哈撒韦（Berkshire Hathaway Inc.）董事长的巴菲特，做了如下说明：

> 伯克希尔·哈撒韦旗下的首席执行官们，是他们各自行业的大师，他们把公司当成自己拥有般来经营。

巴菲特更在每年伯克希尔·哈撒韦的财务报表后面，附上亲手撰写的《股东手册》（*An Owner's Manual*）。他明确地告诉股东：

> 虽然我们的组织形态是公司，但我们的经营态度是合伙事

业。……我们不能担保经营的成果，但不论你们在何时成为股东，你们财富的变动会与我们一致。当我做了愚蠢的决策，我希望股东们能因为我的财务损失比你们更惨重，而得到一定的安慰。

巴菲特曾经把 99% 的财富集中于伯克希尔·哈撒韦公司的股票，所以他可以自豪地宣称和股东完全利害一致（可与之死，可与之生）。然而随着年纪增长，以及将财产捐赠给慈善机构的安排，巴菲特已经慢慢降低手中所持有的伯克希尔·哈撒韦公司股票。

巴菲特的伯克希尔·哈撒韦公司，是双层股权结构的公司。在伯克希尔·哈撒韦公司，普通股可分为 A 股与 B 股两种股票。A 股流通在外有 410 000 股，B 股流通在外则有 1 339 000 000 股。A 类的普通股，每股代表一个投票权；B 类的股份，则是一股等同于万分之一的投票权，且 B 股的股息与分配权为 A 股的 15%。这些流通在外的 410 000 股 A 股股票中，有 316 773 股由伯克希尔·哈撒韦公司的经营层所持有。也就是说，有高达 77% 的 A 股由公司的经营团队掌控；其中，巴菲特本人就持有 295 161 股，占了 72%。通过这样的结构与流通股份多寡，我们就可以知道，即便市场上能拥有伯克希尔·哈撒韦公司股份的人很多，但真正对伯克希尔·哈撒韦公司的经营有重大影响的，却集中在少部分的人手中，特别是在巴菲特的手中。在这样的股权结构下，伯克希尔·哈撒韦公司的控制权就可以集中在主要的管理者身上，而不会受到太多外界的影响。因此，只有高度认同巴菲特理念及投资绩效的人，才会选择持有伯克希尔·哈撒韦公司的股票，这自然是“志同道合，上下一心”。

范例二：高科技的双层股权结构

1998年，拉里·佩奇（Larry Page）与谢尔盖·布林（Sergey Brin）创办了谷歌（Google）。2004年，佩奇在第一次IPO（Initial Public Offering，首次公开募股）时，说明了他们创业的初衷，也就是他们的“道”。

> 之所以创办谷歌，是因为我们相信能对全世界提供一个重大贡献——对几乎任何主题，都能立即提供攸关信息。服务终端客户是我们的初衷，也一直是我们的第一优先。我们的目标，是能够显著地改善更多人的生活。在追求这个目标时，我们会做一些我们相信对世界有益之事，即使它在短期的财务报酬上并不明显。

他们深受巴菲特影响，决定采用双层股权结构来实践“道”。简单地说就是，不认同他们理念的投资人，就不要来买他们的股票，因为经营团队的决策权无法被挑战。具体做法如下：

谷歌上市时，提供给投资大众认购的股票（Class A），每股有一票的投票权；而谷歌创办人及经营团队所拥有的股票（Class B），每股有十票投票权，占整体投票权的61.4%。因此，虽然一般股东能够分享谷歌的市值成长及现金股利分配，却无法影响谷歌的经营管理决策。

实施70/20/10投资法则：这种特殊的股权结构，让经营团队能掌控资本分配的决策权：70%的资源投资于提升顾客使用搜索引擎的整体经验，20%的资源投资于与搜索引擎相关的周边服务，而10%的资源投资于乍看之下毫不相关，甚至有点投机的事业，以应对科技业破坏性变革的特性。谷歌此举，是要确保它的经营管理在上市后不被华尔街追求短期绩效的压力扭曲。

2012年，脸书（Facebook）的创办人马克·扎克伯格（Mark Zuckerberg）在IPO时，也谈到了创办脸书的初衷（道）：

脸书创立时不是要成为公司，我们最主要关心的，是我们的社会使命、我们提供的服务，以及脸书的使用者。我们不是提供服务来赚钱，而是赚钱来提供更好的服务。这是创造事业很好的思考方式，因为我发现有愈来愈多人希望服务他们的公司有着超越只是利润最大化的理念。当我们专注于我们的使命，以及提供很棒的服务时，我们相信也在长期为我们的股东及伙伴们创造最大价值，然后也能因此吸引最好的人才，来创造最好的服务。

扎克伯格所叙述的高远理想，也是用类似谷歌的双层股权结构来锁定，脸书的股权结构分成 A、B 两种普通股，A 类股票具有一对一的投票权利（一张股票等同于一个投票权），而 B 类普通股则具有一对十的投票权利（一张股票等同于十个投票权）。这样的结构使得扎克伯格和其团队拥有超过 60% 的投票权，可以掌握其在脸书中的决策权。

范例三：京瓷（KYOCERA）以员工为主之哲学思想

日本京瓷的创办人稻盛和夫，有着非常强烈的东方哲学思想。他为京瓷定下的座右铭是“敬天爱人”（Respect the divine and love people）。稻盛和夫的经营之“道”，与西方企业的主流思想非常不同。他给京瓷定下的使命是：

> 为所有员工提供物质上和心智上的成长机会。并通过大家共同的努力，为社会乃至全人类的提升做出贡献。

虽然京瓷从产品面而言，是非常有竞争力的优质企业，但这种“员工第一”的管理哲学，衍生的是不重视股东回报率的作为，因此它在资本市场的表现并不理想；这点从京瓷接近 1 的市场价值比率（market-to-book ratio）可以看得出来（见图 4-1）。

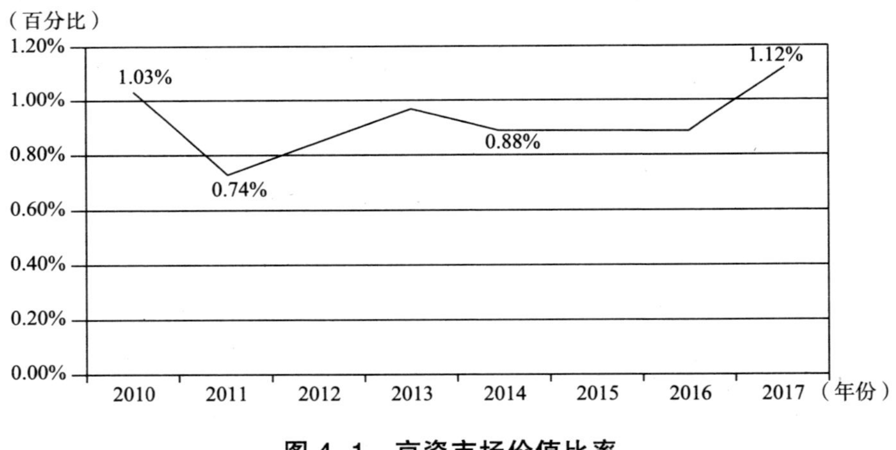

图 4-1　京瓷市场价值比率

在第九章，我们会看到，台积电的创始人张忠谋非常重视公司内部的“志同道合”，就是以“道”来凝聚组织人心，产生整体的精

神力量。因为张忠谋把创造股东价值当作经营重点，所以台积电的市场价值比率比京瓷好太多了。（详见第七章）

“天者，阴阳、寒暑，时制也。”（《孙子兵法·始计篇》）

这句话的意思是，所谓“天”，是指昼夜、晴晦、寒冷、炎热和四季等天象气候。

在军事决胜中，“天”是人力所不能掌控的，但又是非常重要的参考因素。在企业经营中，“天”可以引申为企业面临的趋势及潮流。

图 4–2 勾勒出电子商务的趋势走向，是“天”的一种衡量标准。虽然电子商务的兴起是热门话题，而且交易金额的确成长迅速。但电子商务占整体零售业的比例仍然只是一小部分（只有 8%），未来仍有极大的成长空间。图 4–2 展现的是非常多家公司财报汇总起来的产业信息，是观察“天”（趋势）非常重要的参考数据。

“天”也常会造成企业内部绩效评估的偏差。例如，看起来绩效最好的部门，其实可能是绩效最差的。何故？因为有些部门的产品或服务搭上趋势的顺风车，营收及获利快速成长。但在公司内部，这些部门的经理人未必特别优秀或者特别努力，然而却被评估为绩效最好的，这其实不太公平。例如，某部门的营收成长率为50%，为全公司所有部门之冠。但事实上，整个行业的成长率超过100%。相对而言，这个部门的绩效落后整个行业的平均水平，其实并不突出。

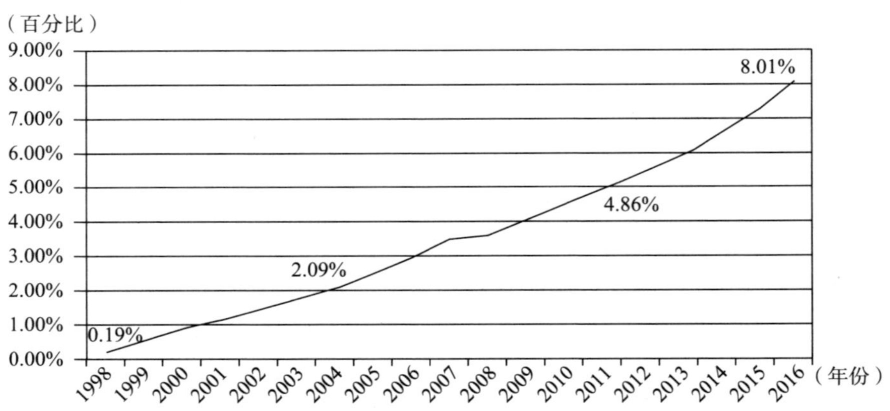

图 4-2　美国电子商务交易金额占总零售业交易金额比重

“地者，高下、广狭、远近、险易、死生也。”（《孙子兵法·始计篇》）

这句话的意思是，所谓“地”，是指地形有高低，地域有广阔或狭窄，路途有远近，地势有险要或平坦，战地有死地或生地。

在企业经营中，可以将“地”设想成企业在整个产业中的地位。“营业收入”及“营业活动现金流”两种指标，可作为“地”的财报衡量标准。

图 4-3 是沃尔玛和凯马特（Kmart）的营业收入相比较。沃尔玛的营收远在凯马特之上，是产业中的领导者，有着“地”的优势。

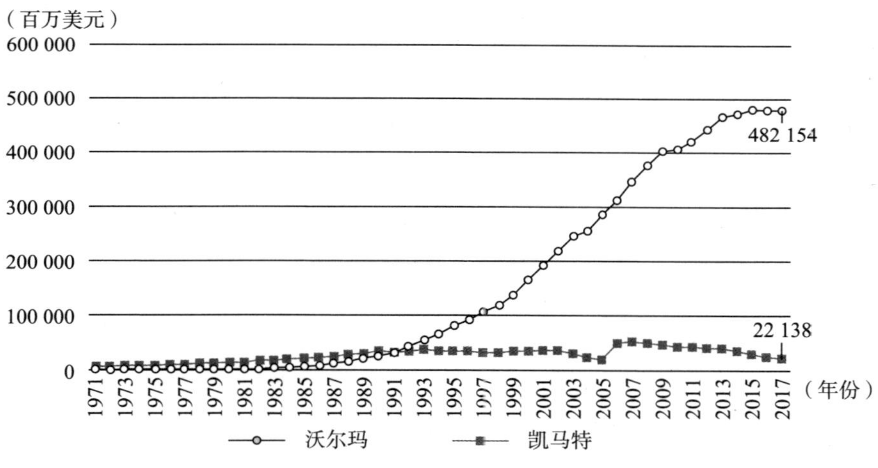

图 4-3 沃尔玛与凯马特的营业收入比较

由图 4-4 可以看出，沃尔玛的营业活动现金流量，远远超过其获利。何故？因为沃尔玛有规模优势，是产业龙头，它有足够的议价空间，让应收账款快速流入，让应付账款慢慢支付（流出），因此可以从供应链中挤压出大量现金，这也是“地”的优

势展现。

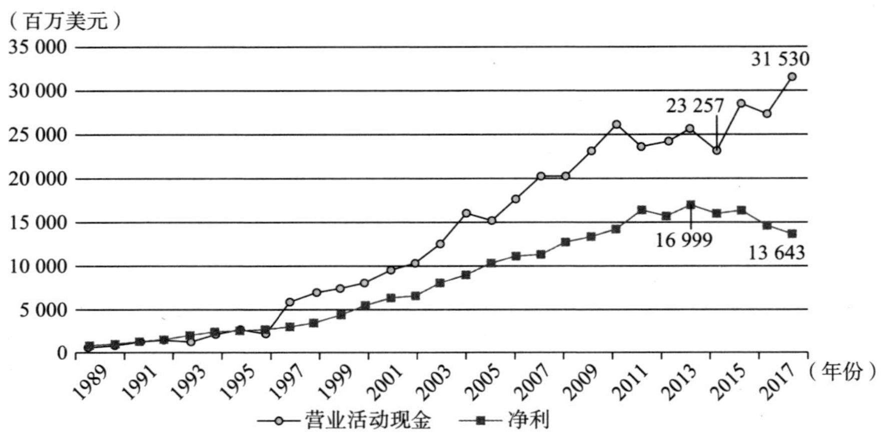

图 4-4　沃尔玛营运活动现金流量与净利关系

“将者，智、信、仁、勇、严也。”（《孙子兵法·始计篇》）

这句话的意思是，所谓“将”，是指将帅要有智谋才能，赏罚有信，仁爱部下，勇敢果断，治军严明。

要成为大将（企业高级经理人），就必须拿出具体的经营结果。例如，如果公司的战略重点是“成本领先”，大将的成果应该是比竞争对手更优化的成本结构，并且可以用财报数字（管销费用占收入百分比）表现出来。例如，由图 4-5 可清楚看出，相对于凯马特，沃尔玛有较优化的成本结构。有关此议题更进一步的分析与讨论，详见第五章。

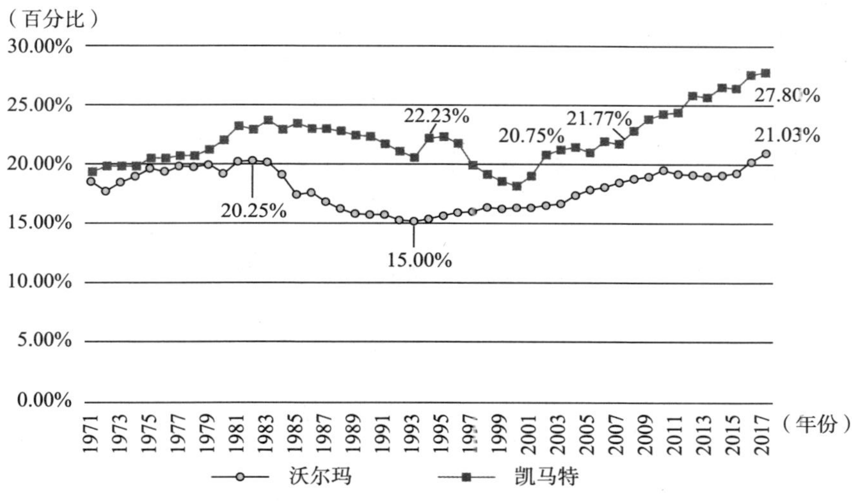

图 4-5　沃尔玛与凯马特管销费用占收入比

相对来说，如果公司的战略重点是“差异化”（differentiation），大将的成果就是创造比竞争对手更高的顾客品牌认同度，品牌认同可以用财报数字中的毛利率（代表定价的主导力）来具体衡量。例如，法国路易威登与瑞士历峰集团（Richemont），分别是全球第一及第二大的奢侈精品集团。由图 4-6 可以看出，在毛利率方面，平均而言，路易威登要大于历峰集团。

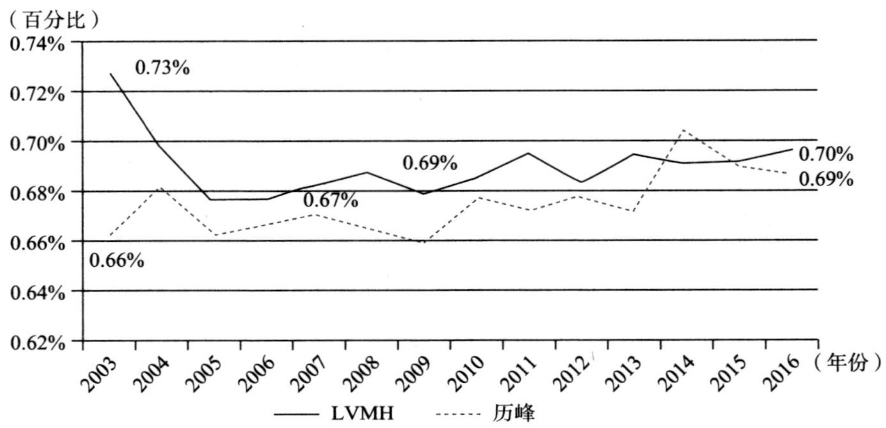

图 4–6　路易威登及历峰集团的毛利率比

至于如何培养大将，使他们具有《孙子兵法》中所强调的“智、信、仁、勇、严”五大特质，请参见第九章（由台积电财务长何丽梅撰写）。

“法者，曲制、官道、主用也。”（《孙子兵法·始计篇》）

这句话的意思是，所谓“法”，是指军队组织编制、统辖各级将领、掌用军需军械等管理制度上的法规。

在企业经营中，“法”指的是各种管理制度，也包含各种标准作业程序。

虽然企业中的管理机制非常多元，但对组织成员行为影响最大者，莫过于薪酬激励制度。

表 4-2 比较了沃尔玛和亚马逊的高级主管的薪资结构。作为正在快速成长的新兴公司，亚马逊提供给高级经理人的薪资低于同行业的基本薪资，但它为这些高级经理人提供了相对高额的限制性股票（通常有较长的禁售期，必须持有若干年后才能出售），借此激励他们持续为增加公司整体价值而奋斗。

相对来说，沃尔玛是成熟的零售业者，对于主管们应该做什么工作、要达成什么目标都很明确。因此，在绩效制度的设计上，沃尔玛主要是大量采用财报数字，把薪酬和重要绩效指标紧密连接起来。

表 4-2　沃尔玛与亚马逊高级主管薪资结构比较

<table>
<tr><th></th><th colspan="2">沃尔玛</th><th>亚马逊</th></tr>
<tr><td colspan="3">现金奖酬（cash）</td><td rowspan="7">亚马逊的奖酬哲学，强调将员工的利益与股东的利益相结合。因此，除了新进员工及极少数已说明原因的情况下可以得到现金奖酬之外，亚马逊不提供员工任何与现金有直接关联之奖金与酬劳。此外，亚马逊也不使用所谓的绩效指标作为奖励的评估依据，这是为了避免员工过度专注在少数的短期指标，而忽略了长期的发展。
因此，亚马逊只以低于同行的基本薪资加上限制型股票作为员工的奖金酬劳。同时，员工必须持有相当长的时间后，才得以执行限制型股票的使用权。
亚马逊相信，唯有如此，员工及高阶经理人才会将服务顾客及长期发展视为首要之任务</td></tr>
<tr><td>基本薪资
base salary</td><td>· CEO：占目标总薪酬约 6%；· 其他高阶经理人：约占目标总薪酬的 9%~15%</td><td rowspan="2">年终奖金的计算基础，是依据营业净利及其他与销售有关之目标达成程度</td></tr>
<tr><td>年终奖金
annual incentive</td><td>· CEO：约占目标总薪酬的 19%；
· 其他高阶经理人：约占目标总薪酬的 16%~29%</td></tr>
<tr><td colspan="3">股票薪酬（equity）</td></tr>
<tr><td>留任股票
retention stock</td><td>必须持有三年才拥有股票的所有权。
· CEO：约占目标总薪酬的 18%；
· 其他高阶经理人：约占目标总薪酬的 12%~17%</td><td rowspan="2">绩效股票的计算基础是投资报酬率（ROI）及三年持有期间的第一年销售收入表现</td></tr>
<tr><td>绩效股票
performance equity</td><td>· CEO：约占目标总薪酬的 58%；
· 其他高阶经理人：约占目标总薪酬的 44%~58%</td></tr>
</table>

五问的评分表

孙子兵法的“五问”，可以制作成一个评分表格（如表 4-3），借此帮助经理人练习用这五个指标思考问题，并打出相应的分数。有一次，我设定的比较对象是台积电和三星电子在晶圆代工领域竞争的胜负。有一位著名的电子产业大佬对这两家公司都很了解，看了我准备的表格，二话不说，直接打起总分：台积电 100 分，三星 80 分，台积电胜。对于“道、天、地、将、法”的五大细项，他倒是懒得填写，直接回答：“每一个细项也都是台积电 100 分，三星 80 分。”看来要真正把这五个方面进行逐一思考，也不容易啊！

表 4-3 “道、天、地、将、法”评分表

<table>
<tr><th rowspan="2">孙子兵法五问 / 评分情境</th><th rowspan="2">道（使命与价值）</th><th rowspan="2">天（趋势与市场）</th><th rowspan="2">地（定位与就位）</th><th>将（人才与执行）</th><th rowspan="2">法（绩效与诱因）</th></tr>
<tr><th>将、士、卒</th></tr>
<tr><td></td><td></td><td></td><td></td><td></td><td></td></tr>
<tr><td></td><td></td><td></td><td></td><td></td><td></td></tr>
</table>

兵闻拙速，未睹巧之久也

——沃尔玛 VS 凯马特

速度是降低成本的“倚天剑”，在快速成长中维持平衡的，是降低长期成本的“屠龙刀”。孙子很早就看到这一点，他说：

> 兵闻拙速，未睹巧之久也。（《孙子兵法·作战篇》）

空中拼速度的创业家

山姆·沃尔顿（Sam Walton, 1918—1992）是沃尔玛的创办人。1954 年 4 月，山姆花了 1 850 美元，在美国俄克拉何马城（Oklahama City）买了第一架非常经典的飞机。这架单螺旋桨飞机装了一个洗衣机马达，只能容纳两个人，满载油量和乘客时也只有 1 320 磅（约 598 公斤）。因为创业初期沃尔玛主要在美国中西部展店，当时该地区交通建设仍不太发达，于是飞机便成为山姆勘察新店开设地点的最佳工具。

山姆喜欢低空飞行，这方便他看清楚地形、地貌及车潮人流。一旦看上某个地段，山姆就会立刻降落飞机仔细观察地形，然后找到地主，当场讨论土地买卖事宜。沃尔玛的展店策略，是避开领头厂商凯马特（上驷），向外抢占据点，再向内包围填满，最后全面攻占市场。沃尔玛达到快速开店的利器就是低价，低价带来快速销售，配合快速展店、快速存货及应收账款周转，创造快速的现金流及低廉的展店资金；而快速扩大的规模，创造更大的采购价格优势。这种简单有效的战略，在市场上无坚不摧，但它其实是建立在对许多财报数字的深思上。山姆对财报数字非常敏感及重视，他说："对数字的重视，使我紧盯公司的经营报告，以及从各方面搜集来的情报。"

《孙子兵法》在总论（《孙子兵法·始计篇》）之后，马上开讲战争的成本会计学。它以准备 1 000 辆轻装战车、1 000 辆重装战车及 10 万名士兵投入战场为案例，讨论准备战争成本的基本功（《孙子兵法·作战篇》）。《孙子兵法》对成本最大的洞见，是明确指出"速度"（即时间长短）是战争最重要的成本动因，所谓"久暴师则国用不足"。《孙子兵法》进而强烈主张"兵闻拙速，未睹巧之久也"，以及"兵贵胜，不贵久"。非常有趣的是，在 20 世纪 80 年代

提出“作业成本分析法”（Activity-Based Costing）的著名会计学者罗伯特·卡普兰（Robert S. Kaplan），在2004年提出更精进的“成本驱动作业成本制”（Time-Driven Activity-Based），主张将诸多成本动因简化成以“时间”为主的成本动因，以便可以更聚焦、更有效地提升成本控制。卡普兰的主张，和孙子的成本控制思想不谋而合。

其实，在传统的财报分析中，“速度”本来就扮演着重要的角色。例如，加快应收账款周转率（周转越快，现金回收天数越短），加快存货周转率（周转越快，积压存货所产生的成本就越低），都是看似平凡但却非常重要的成本控制手段。

成本控制是商业智谋的根本，也是经营成败的关键。首先，我们以传统零售业中沃尔玛VS凯马特为例，说明降低营业成本的商业智谋。

沃尔玛VS凯马特

沃尔玛成立于1962年，1971年上市，是零售业的后进者，也就是说它原来是“下驷”。凯马特前身叫克瑞吉斯（Kresge），成立于1888年，1925年就公开上市，1962年改名为凯马特，原本是美国零售业的龙头，可谓“上驷”。两家公司在过去20年的竞争中，沃尔玛攻守俱佳，已经成为零售业的“上驷”；而凯马特攻守失利，不仅成为零售业的“下驷”，而且还有被淘汰的危险。

按照兵法思维，众多的财报信息可以区分成“守势”、“攻势”（包括助攻）和“战果”三类指标，下面我分别叙述如下。

“守势”指标

在传统的零售业里，如果企业的经营成本显著低于竞争对手，就可以确保自己在竞争中“立于不败之地”（《孙子兵法·军形篇》）。经营成本在财报上主要通过管销费用率（管销费用 ÷ 营业收入）来衡量。

沃尔玛的成本控制能力，是其竞争力的核心。由图5-1可以看出，沃尔玛的相对竞争优势清楚地表现在管销费用率上。自20世纪90年代起，沃尔玛的管销费用率相对稳定，几乎都维持在15% ~ 19%之间。而凯马特的管销费用率则在20% ~ 28%

之间，除了波动较大之外，一直都高于沃尔玛。在利润只有 3% ~ 4% 的零售业中，成本劣势让凯马特注定只能处于挨打的局面。

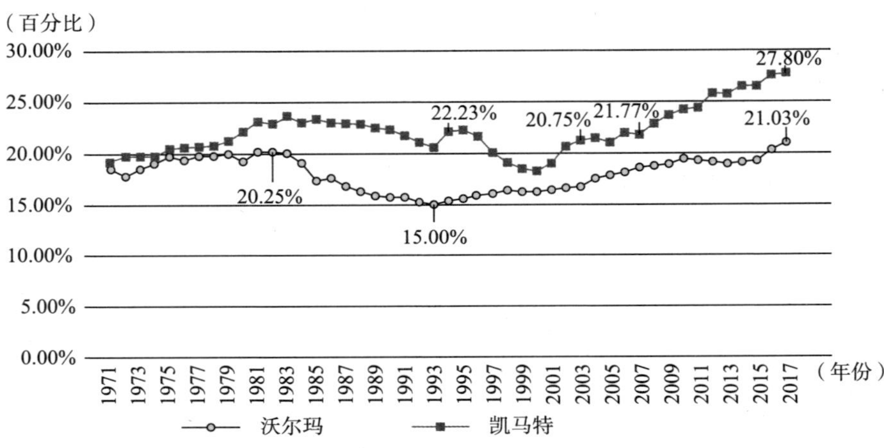

图 5-1　沃尔玛与凯马特的管销费用率比较

简单来说，较低的管销费用率让沃尔玛“立于不败之地”，但这只是“守势”，不足以致胜。

“攻势”指标

能够有效改变顾客体验，从而使企业扩张成长的经营活动就是

“攻势”。在相同的营收状况下，较低的成本让沃尔玛可享有较高的利润，然而顾客对此并无切身感受。如果要为顾客创造价值，并吸引更多顾客，最主要的“攻势”利器就是“低价”。“低价”表现在财报上为较低的毛利率 [(营收 – 销货成本） ÷ 营收]。

目前，沃尔玛光是可以在下单当日出货的商品就高达 4,600 万种，财报上虽然无法直接观察到个别商品的价格，但通过观察公司整体的毛利率，可以间接看出沃尔玛的“低价”攻势。例如，当两家公司采购成本相当时，低毛利率就代表“低价”。事实上，沃尔玛在创业初期，创办者山姆就定下“毛利率要成为产业中最低”的基本战略。由图 5–2 可以看出，20 世纪 70 年代到 21 世纪 10 年代之间，沃尔玛的毛利率（21% ～ 27%）几乎都低于凯马特（19% ～ 29%）。20 世纪 80 年代晚期，沃尔玛营收规模已经超过凯马特。一般而言，拥有较大的采购优势时，只要定价相同，就会享有较高的毛利率。因此沃尔玛持续的低毛利率，是非常强烈的价格“攻势”。

值得注意的是，2000 年后，沃尔玛在毛利率上呈现出持续上升的趋势，其主要原因并不是提高商品售价，而是增加毛利率较高的自有品牌的销售比率。

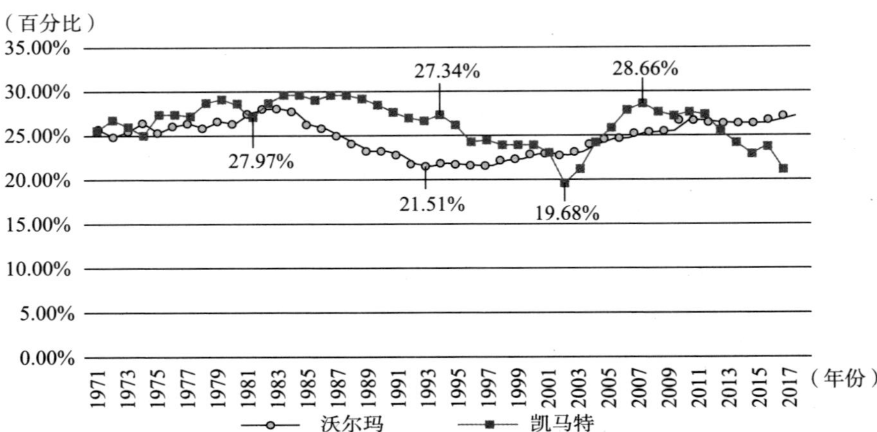

图 5-2　沃尔玛与凯马特的毛利率比较

“助攻”指标

沃尔玛靠快速扩大经营规模来“助攻”。“助攻”指标有三种：

1. 每年开店数目。

2. 每年投资金额。即投资于“土地、厂房、设备”的金额（表现在资产负债表中为固定资产的增加），再加上并购其他零售业者的金额（可从现金流量表上看到并购金额）。

3. 创造现金流量的能力。快速扩大规模必须仰赖充沛而廉价的资金，而最可靠的廉价资金，就是公司自身所创造的营业活动现金流。

这三种“助攻”指标，我们来做更进一步的说明。

助攻指标 1：每年开店数目

沃尔玛的竞争力，主要来自其持续成长的动能。而其营收获利的成长动能，首先来自新店的不断拓展，其次为旧店营收获利的合理成长。1971 年，沃尔玛在美国境内只有 24 家店，2017 年则发展到 5 332 家店（参见表 5-1），平均每年开设 108 家。沃尔玛的“国际展店行动”开始较晚，1993 年在美国境外只有 10 家店，到了 2017 年则成长到 6 363 家店，平均每年开设 258 家。截至 2017 年，沃尔玛全球总共有 11 695 家分店，其中墨西哥的分店就有 2 411 家。

表 5-1　沃尔玛实体店面数统计表

年	2006	2007	2008	2009	2010	2011	2012	2013	2014	2015	2016	2017
美国开店总数	3 856	4 022	4 141	4 258	4 304	4 413	4 479	4 625	4 835	5 163	5 229	5 332

续表

年	2006	2007	2008	2009	2010	2011	2012	2013	2014	2015	2016	2017
国际开店总数	2 285	2 757	3 121	3 615	4 112	4 557	5 651	6 148	6 107	6 290	6 299	6 363
全球开店总数	6 141	6 779	7 262	7 873	8 416	8 970	10 130	10 773	10 492	11 453	11 528	11 695
增加店数	852	638	483	611	543	554	1 160	643	169	511	75	167

在财务报表上，沃尔玛的土地、厂房及设备净额，也从1984年的8.7亿美元，达到2017年的1 077亿美元。如此庞大的成长数目，也可一窥沃尔玛庞大的规模。

沃尔玛在美洲之外的国际展店重点摘要如下：

1. 2006年，沃尔玛首次进入日本市场，新设398家店面。

2. 2007年，由于复制美国成功经验失败，加上无法配合当地消费者习惯，该年沃尔玛退出德国及韩国市场。

3. 2012年，沃尔玛增加1 160家店面，主要是因为该年大举“进攻”南非地区，新设347家店面；另外，在墨西哥地区开设385家，在英国地区开设156家。

4. 2014年，沃尔玛海外地区展店量下降，主因是该年墨西哥地区总体经济不佳，以及消费者信心下滑，该区店面数较上一年减少154家。

5. 2016年，除因转往电商发展而减少实体店面扩张之外，该年巴西及日本地区的实体店面也有减少的状况。

6. 沃尔玛早在1996年便开始进入中国市场，2017年在中国店面数约439家店面。沃尔玛在中国市场获利一直不佳，但由于中国市场是兵家必争之地，因此并没有撤退的迹象。

相对于沃尔玛的快速扩张，由表5-2可以清楚看出，21世纪10年代，凯马特的开店速度几乎已经停滞，2012年之后，凯马特更是大量关闭实体店面。

表5-2 凯马特（含席尔斯）实体店面数统计表

年	2008	2009	2010	2011	2012	2013	2014	2015	2016	2017
店面数	3 847	3 918	3 921	4 038	4 010	2 548	2 429	1 725	1 672	1 430
增减数	56	71	3	117	−28	−1,462	−119	−704	−53	−242

助攻指标2：每年投资金额

由图5-3可以看出沃尔玛在扩充实体店面方面持续投入庞大的金额。例如，光是2007年，沃尔玛的展店金额就高达156.66亿美元。沃尔玛也会通过并购扩大规模，例如，沃尔玛于 1993 年并购价值约 3 亿美元的美国大型仓库型渠道商佩斯（Pace）。相对而言，凯马特每年的投资金额非常有限。

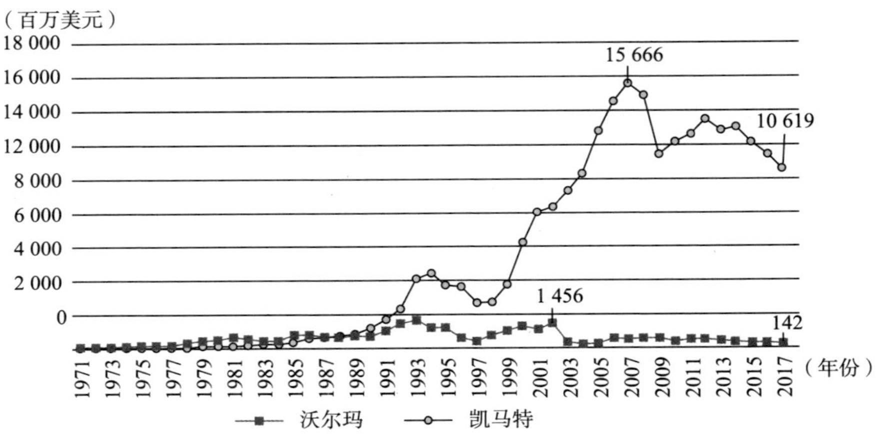

图 5-3　沃尔玛与凯马特之土地、厂房与设备投资金额比较

助攻指标 3：沃尔玛创造营运现金流的能力

由图 5-4 可以看出，在 20 世纪 90 年代，虽然沃尔玛已经拥有强大的营运现金流，但是其扩充实体店面所需的金额更大，沃尔玛以借贷补足其间的资金缺口，展现非常凌厉的攻击力道。2000 年之后，沃尔玛的营运现金流更大，并且远远高于展店投资金额。沃尔玛于是开始发放大量的现金股利，并且买回巨额的公司股票。此举虽然让股东每年享受丰厚的现金进账，但其成长力道已经明显减退，无法充分将这些现金用于扩张性的活动中。相对而言，凯马特的营运现金流逐渐萎缩，2017 年甚至达到负 13.81 亿美元，面临被淘汰的危机。

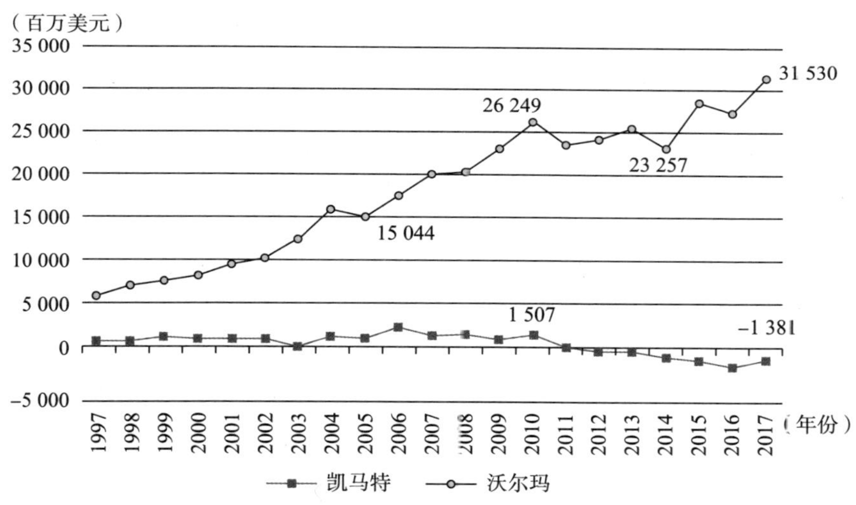

图 5–4　沃尔玛与凯马特来自营运活动之净现金流量比较

“战果”指标

最后，沃尔玛在营收、获利及股价上所取得的优势已经是“战果”。从竞争分析角度来说，当胜负已定时，战果指标较不重要。

1991 年，沃尔玛营收正式超过凯马特，双方差距从此快速扩大（见图 5-5），这也见证了沃尔玛由“下驷”变为“上驷”，凯马特由“上驷”变为“下驷”的翻转。在绝大多数的案例中，一旦产业“上驷”“下驷”地位翻转，几乎就没有挽回颓势的机会了。因此，1991 年也类似于沃尔玛和凯马特两家公司的“战略转折点”。难怪格鲁夫对转折向下、繁荣不再的窘境会如此戒慎恐惧啊！

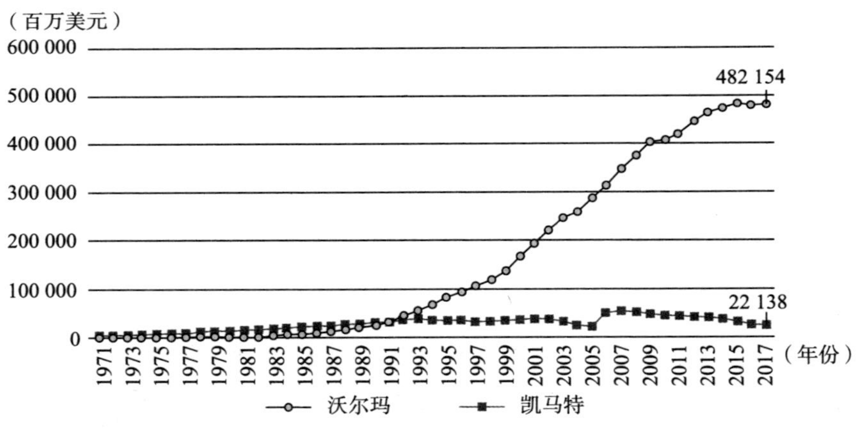

图 5-5　沃尔玛与凯马特之营业收入比较

由图 5-6 可以看到，沃尔玛的净利在 20 世纪 80 年代后期开始成长，2000 年之后，更呈现快速成长的状态。直到 2010 年电商平台崛起后，其获利成长才趋缓，甚至有萎缩的趋势。相对而言，凯马特成为“下驷”之后，获利更加不稳定，经常是小赚大亏，虽然在2004年和另一家老牌零售商西尔斯（Sears）合并，但已无助于扭转颓势。

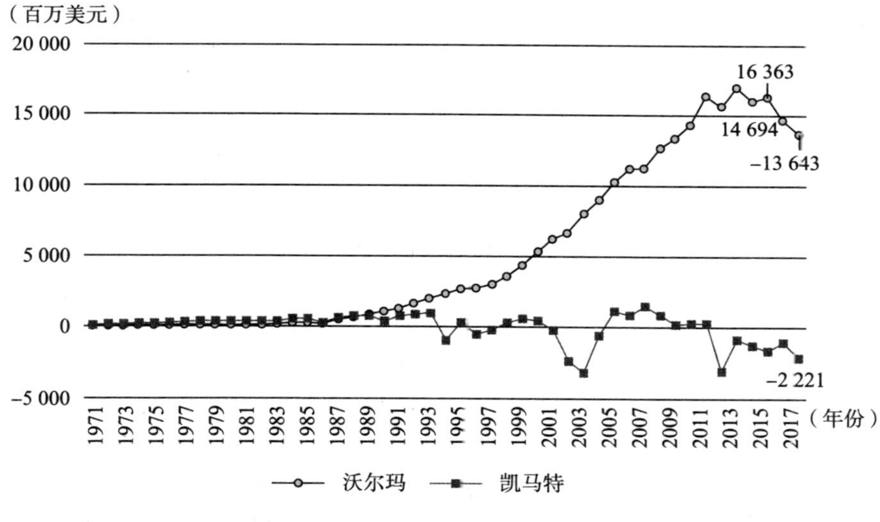

图5–6　沃尔玛与凯马特之净利比较

在图5–7中，特别值得注意的是，沃尔玛的获利成长在20世纪90年代到21世纪初期最为迅速，故其市场价值也快速增加。沃尔玛的获利在2015年达到高点，然后在电子商务的强力竞争下开始衰退，其市场价值也逐渐走平，甚至减少。但由于沃尔玛每年配发丰富的现金股利，并且大量买回公司股票，这对股东而言，其市值虽然没有增长，却依旧有合理的投资回报率。

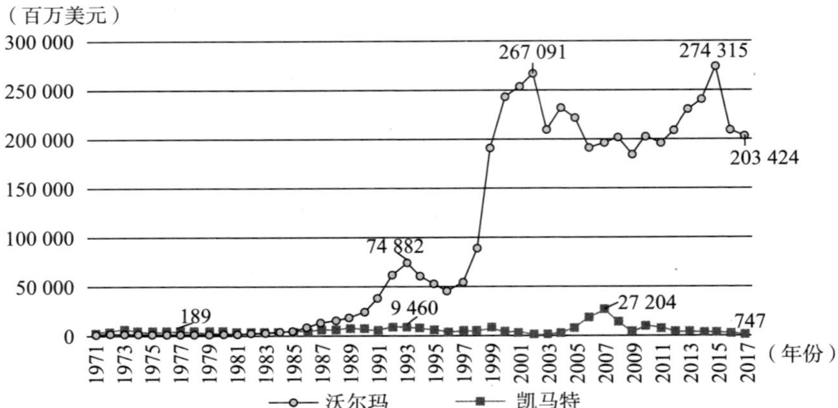

图 5-7 沃尔玛与凯马特的市场价值比较

凯马特为什么没有办法反攻

凯马特其实是有悠久历史和经营经验的公司，然而它在成本上相较于沃尔玛的劣势，却是显而易见的。难道凯马特无法降低自己的成本，改善自身的竞争条件？事实上，凯马特曾多次更换首席执行官，并用“九牛二虎之力”来改善自己的成本结构，但一直成效不彰。以凯马特在信息科技的投资为例。

1. 2000 年 7 月，凯马特与软件商 i2 合作，改善供应链系统。然而，i2 只有制造业软件开发经验，并没有零售业软件开发经验。

2. 2001 年 2 月，凯马特向 IBM 购买并安装新的销售终端收款机。

3. 2001 年 6 月，凯马特开始安装由曼哈特（Manhattan Associates）开发的仓储管理软件，但管理层不信任这些数据，导致这套软件系统无法提供太大的用处。

凯马特在短时间内同时展开不同的信息系统优化计划，但由于委任不同的开发商，导致系统变得太过复杂而难以整合。此外，计划之间互相抢夺资源，许多业务的执行流程和新规划的系统相冲突等各种原因都导致其成本居高不下。

这些经营管理困难的根源，是因为凯马特过去主要依靠并购的方式快速成长，但这造成资源及系统不易整合。即使到了 2000 年，许多商品的配送，仍仰赖企业总部规划，而非第一线的零售店就可以弹性做决定。相对而言，沃尔玛的快速扩充，主要通过自主拓店而非并购，因此很容易做到营运模式简单化、标准化、快速化，这些是降低成本的关键。凯马特长期无法改善成本结构的劣势，必然会陷入“久则钝兵挫锐”（《孙子兵法·作战篇》）的士气不振的窘境，从而导致无力再战。

赢在严控成本的企业文化

凯马特的成本控制，其实不只是管理技术，更牵涉组织文化。零售就是细节的总和，只有在每个小细节上贯彻成本控制，才能累积小胜成为大胜。沃尔玛有全面严控成本的组织文化，凯马特则无。《孙子兵法》说：

> 胜兵若以镒称铢，败兵若以铢称镒。（《孙子兵法·军形篇》）

镒与铢都是古代的重量单位，镒大约是铢的 500 倍重。也就是说，取胜必须集结大于对手 500 倍的力量，以取得压倒性的优势。

我们以表 5–3 来说明“以镒称铢”的管理含义。表中的横轴代表标准作业流程（SOP）的项目数，纵轴代表平均每项 SOP 优于竞争对手的程度。例如，当 SOP 有 1 600 个，而平均每个 SOP 优于对手 0.004，则累积的相对性优势就高达 594.21 倍，达到所谓“以镒称铢”的绝对优势。

表 5-3　从镒称铁：标准作业流程的优势累积表

SOP 项目数 优于竞争对手的程度	500	1 000	1 500	1 600	1 700	1 800
0.001	1.65	2.72	4.48	4.95	5.47	6.04
0.002	2.72	7.37	20.03	24.45	29.86	36.47
0.003	4.47	20.00	89.41	120.64	162.77	219.62
0.004	7.36	54.16	398.63	594.21	885.75	1 320.33
0.005	12.11	146.58	1 774.57	2 922.13	2 922.13	7 323.39

然而，影响组织成本的因素，除了每一项 SOP 的效率之外，更是在执行任何一项工作时对降低成本“勿以善小而不为”的起心动念，这就已经进入组织文化竞争的层次了。

电路城VS百思买

除了凯马特之外，美国著名家电渠道商“电路城”（Circuit City）是另一个降低成本失败的案例。电路城是柯林斯（Jim Collins）的著作《从优秀到卓越》一书中谈到的11家经典企业之一。在这个案例中，降低成本不是真正的挑战，“如何降低成本而不降低营收”才是真正的挑战。

电路城从1959年开始贩卖家电，并于1984年于纽约证交所上市。电路城的主要竞争对手百思买（Best Buy），进入电器零售领域较晚，它的前身是小型音响零售商，自1983年才开设第一家大型电器卖场。如图5-8所示。由于成本改革失败，电路城于2008年11月10日宣布破产重整。2009年1月16日，因为没有投资人愿意接手，电路城决定清算解散。

电路城过去都是通过高额奖金及高质量服务（连销售员的服装都很讲究）来吸引消费者的，故其营业费用率一直较百思买高出

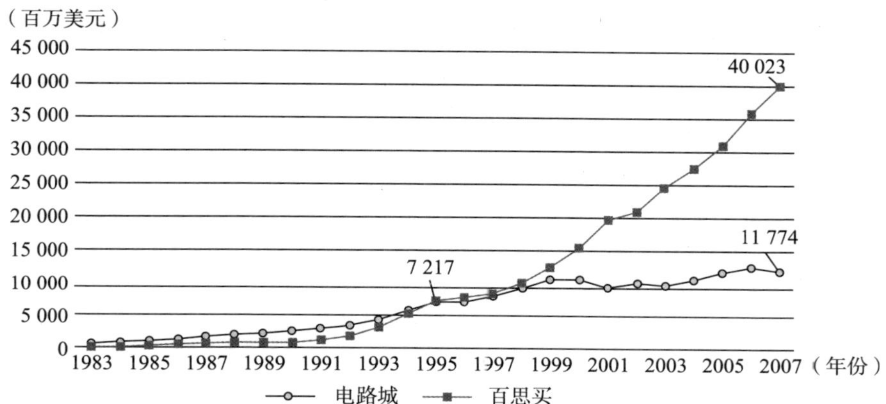

图 5-8　电路城与百思买营收比较

3% ~ 5%。当百思买的营业利润率只有 3.5% ~ 4% 时，电路城的成本居高不下导致其商品价格较为昂贵，这就成了电路城的致命伤。因此，如何让电路城的成本曲线向下走，就成了最重要的管理议题（见图 5-9）。

2006 年 3 月，电路城董事会聘请过去曾在百思买工作超过 10 年的施科纳维（Philip J. Schoonover）担任董事长，并在其主导下展开一系列向百思买取经的变革。2007 年 3 月，施科纳维突然宣布解雇 3 400 多名经验丰富的销售人员，理由是他们“太贵”。为了填补空缺，电路城聘请了一批薪水较便宜的新员工，其中许多人的学历只有高中毕业，也没有充足的入职培训就投入卖场。施科纳维说这是“成本控制”的办法，他在当年度还领取了 700 万美元的奖金，但许

多员工与顾客因此在网络上抱怨连连。而施科纳维没想到的是，由于销售员服务质量大幅度降低，电路城的品牌形象迅速下滑，还没来得及加强员工培训，就遇到了2008年金融海啸，导致营收严重衰退。

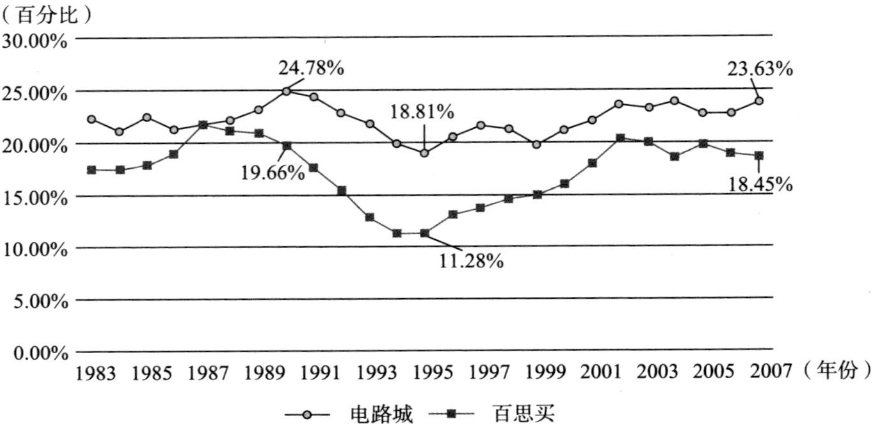

图5-9　电路城与百思买营业费用率比较

这不是电路城第一次进行薪资及人力调整。2003年时，电路城卖场管理人员发现，顾客的知识水平愈来愈高，加上产品更新周期加快，主动推荐商品的销售方式未必适合顾客，因此，决定将销售方式从主动推销，改为顾客有问题时协助回答。同时，电路城将其所有分店的薪水结构，由奖金制调整为单一时薪制。而百思买则在更早前，就进行了相同的改革。但百思买配套的做法是加强信息系统对员工的销售支持力度，这弥补了员工经验上的不足。所以，电路城的失败，并不能完全归咎于薪资改革。但电路城的案例提醒我们，降低成本时必须避免造成营收同步剧烈下滑。在动态竞争中，电路城由于不当压缩成本引发营收下滑，营收下滑后再引发进一步裁员与不合理的成本压缩。这种恶性循环，我称之为“向下死亡盘旋”。

来自百思买的董事长，企图以复制过去成功经验的方式快速取得成果，却未深思电路城在结构、资源及核心能力上与百思买的差异，遂造成电路城进行成本改革而导致“猝死”的遗憾。

《孙子兵法》警告我们：“胜兵先胜而后求战，败兵先战而后求胜。”（《孙子兵法·军形篇》）它的意思是，要在竞争中求胜必须先想清楚战法，否则急于应战再奢求胜利，是非常困难且危险的。同时，董事长的决策对企业生死存亡影响甚巨，正所谓“故知兵之将，民之司命，国家安危之主也”。（《孙子兵法·作战篇》）

惠普VS戴尔

个人计算机产业的产品同质化甚高，产品不容易有超额毛利，

因此成本控制是决胜关键。其中，惠普计算机有成功降低成本而不影响收入的经典案例。

戴尔计算机一直是个人计算机市场上激进的价格破坏者。戴尔运用直销带来的低成本优势，以不断降低售价来刺激销售、扩大市场占有率。如果比较 2005 年以前戴尔与惠普的成本结构，两家公司的相对竞争力一目了然。

由图 5-10 可以看出，戴尔的销售和管理费用占营收的比率由 1994 年的 15% 左右，一路下降到 2006 年的 9%。在同一时期，惠普的销售和管理费用占营收的比重则由 27% 降到 16% 左右；虽然有显著进步，但仍旧比戴尔高出 7% 左右。在净利率平均只有 5% 左右的个人计算机产业，这种成本结构的劣势，使惠普处于挨打的局面。

惠普前首席执行官菲奥莉娜（Carly Fiorina）由于始终无法改善成本过高的问题，遂于 2005 年下台；后改由赫德（Mark Hurd）接任。赫德接任惠普首席执行官后，发现惠普之所以无法充分实现公司的潜在价值，不是因为策略方向有问题，而是策略的执行有问题。他指出，许多顾客很欣赏惠普的科技能力，但觉得惠普公司太复杂，而且太难打交道。例如，有些产品线从顾客到首席执行官之间，居然有 9 个管理层级。而在有些部门的成本结构中，只有 30% 是该部门可以自行控管的，70% 则发生在其他部门身上。无怪乎惠普的决策过程会如此缓慢，决策成败的责任归属会如此混乱。在经营风格上，赫德认为惠普太过以工程师为导向，而非以顾客为导向；他们常误以为只要有好的发明和技术，就会自动有市场和销售。在财务结构上，赫德则认为惠普的营收成长，主要由低利润的产品所贡献，成本结构明显缺乏效率。赫德的商业智谋，充分显示在惠普年报里首席执行官“给股东的一封信”中。他非常清楚地点出改革的重点及程序，然后有系统、有步骤地执行。

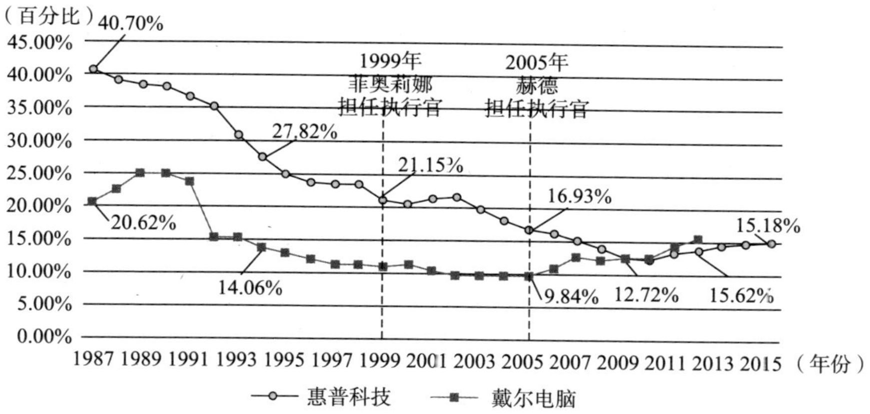

图 5–10 戴尔与惠普的营运费用占营收比率比较

附注：(1) 2010 年 8 月，赫德被一名工作上往来的女子指控性骚扰，董事会因此下令调查，意外地发现他们在交往中的餐费及额外给予这位女子工作上的报酬，赫德都使用了不实的账目报销。董事会认定，赫德并未违反惠普就“性骚扰”所制定的规定，但他伪造报销单，违反了惠普业务行为准则，赫德必须辞职。(2) 戴尔电脑于 2013 年私有化退市，故无资料；另，惠普科技于 2015 年后分家。

一上任，赫德就大刀阔斧地改善成本结构。重点包括：

1. 裁掉 15 200 名员工，这些员工相当于当时惠普 10% 的人力。其中，最惨烈的是把信息部门由 19 000 人裁减到 8 000 人。

2. 把惠普全球数据中心由 85 个减为 6 个，应用软件数目由 6 000 个减少为 1 500 个。

3. 把员工的薪水调降 5%，并取消许多员工福利。当然，赫德不忘以身作则，把自己的底薪降低 20%（但董事会以较高额的奖金来弥补）。

赫德上任后，第一年的整顿重点是成本控制。但他知道，不能造成类似电路城这种致命的“向下死亡盘旋”。因此，从第二年开始，他优先追求有目标的成长。赫德特别重视拥有质优量足的营销人力，并加强和销售渠道的合作，其次才是成本控制。赫德平均砍掉 3 个层级的管理人员，将节省下来的成本投资在提升先进的信息能力上。他的目的是让惠普的信息部门成为产业界最高效的典范。2009 年，惠普的管销费用率降至 11%，已较戴尔低。相对来说，2007 年以后，戴尔由于新兴市场销售的比重增加，造成消费者通过网络直销订购计算机的比重下滑，不得不兼而采取一般的渠道销售模式，其管销费用率持续增加至 2009 年的 12%。可见，企业的竞争优势是动态的、暂时的，主要取决于管理团队正确的策略与执行力。

可以发现，赫德采取成本控制的主要对象是信息部门，我们不禁要问：为什么信息部门过度膨胀的问题，无法由信息部门的领导自己察觉，而是在给公司造成重大负担之后，由外来的新执行官进行整顿呢？由此可见，企业高层经理人自我反省与节制之困难度与重要性。此外，惠普经理人过去的关键绩效指标，主要以营收目标达标率为主，忽略了存货堆积、应收款期限过长、现金流周转太慢等管理的基本功，这源自绩效制度设计不良。

赫德在进行惠普成本结构的大幅改造时，也顺便创造出一个强而有力的营销工具。许多大型跨国企业为了日益高涨的信息软硬件成本而烦恼不已。赫德在惠普大幅整顿信息成本结构，又能维持惠普的全球营收成长，正是他们取经的对象。而这些需求，并不只是采购惠普相关的硬件产品，而是购买一个由惠普规划执行的信息整体解决方案。当惠普于 2000 年并购 EDS（Electronic Data System）后，惠普发展信息软硬件整合咨询服务的布局越发明显。其实，惠普已经愈来愈不像一家个人计算机厂商，反而愈来愈像转型后以信息服务为主的 IBM 了。

2015 年 11 月 2 日，惠普正式分割成“Inc.”及“Hewlett Packard Enterprise”两家上市公司。前者的主要业务仍是个人计算机、打印机等业务，后者则以服务器、数据储存设备及企业数据安全等增值服务为主。相对来说，戴尔采取非常不同的发展方向。为了应对丧失成本优势后的市场流失的困境，戴尔选择在2013年退市，脱离华尔街对短期绩效咄咄逼人的压力，而是按照长期策略规划，重新整顿再出发。2016年，戴尔和信息设备储存大厂EMC（Electronic Data System）合并成为戴尔科技（Dell Technology）。因此，2016年之后的惠普和戴尔的竞争，其层面更加复杂，已经不是单纯的成本结构优劣的问题了。

用“笑”来增加决策速度的创业家

美国西南航空公司于1967年由赫伯·凯莱赫（Herb Kelleher）创立，总部位于德克萨斯州的达拉斯。如今，这家公司已是美国的主要航空公司之一，营收排行第四位，但获利是最佳的。该公司是全球廉价航空的鼻祖，是以营运“速度”提升资产应用效率的典范。

创业初期的西南航空亏损连连，1972年被迫将手上仅有的四架飞机卖掉一架，以换取足够的资金来支付工资等营运费用。这迫使西南航空必须用三架飞机来完成四架飞机的业务，而这也就是后来西南航空“10分钟过站”（10 Minute Turn）的由来。

当时，西南航空的地勤部门领导人叫富兰克林，是个经验丰富的主管。他发现，通常一个班次的航空公司飞机，从降落、疏散乘客、运送行李、重新装餐、加油等手续到再次起飞，需要花上45分钟至1小时，甚至有些时候飞机必须在空桥上枯等。对航空公司而言，此时的飞机就只是在单纯的燃烧油料，并无任何贡献。

于是，富兰克林与小组成员们开始研究飞机从落地到起飞的每个步骤，将原本将近1小时的过站时间，硬是压到10分钟以内。这需要强大的团队合作能力才能办到。首先，西南航空的飞机降落时，机师会立刻主动刹车，并启动引擎的反向推力，减少缓慢滑行的情况，力求让飞机以最快速度抵达登机空桥。其次，西南航空的飞行员及机组人员不使用时薪制，而是以班次计薪，这给了工作人员很大的动力来加快班次的流程。在飞机驶往登机空桥的途中，地勤人员早就将下个班次的行李准备好了，卸完当前班次的行李后，下个班次的行李立刻装载到飞机上；食物等必要物资，也在引擎停下时立刻补充。此外，西南航空的空服人员不会等待地勤

人员来清扫飞机，而是在飞行途中趁着空当便不断清扫、整理机舱。而旅客也乐意配合这紧凑的流程，因为这会让他们等待上下机的时间大大缩短。

这一切，都需要强大的团队协同合作能力，没有人可以置身事外。西南航空创造了10分钟过站的传奇，以“速度”撑过这段资金危机时期，更以“速度”降低成本、降低票价，进而成就廉价航空的典范。

赫伯·凯莱赫不论是演讲或者接受访问，中间一定会被他持续五六秒爽朗的大笑声打断几次。因为这种豪迈自在的人格特质，赫伯·凯莱赫得以充分地融入基层员工之中，不着痕迹地传播西南航空的组织文化。有一次，赫伯·凯莱赫提到一个有趣的案例。有位进公司不到4个月还在试用期的基层员工，寄给他一张账单。原来因为天气因素，有一架飞往纽约长岛（Long Island）的西南航空的班机，迫降在亚特兰大城（Atlanta）。这位员工自作主张，租了5部大巴士，把急着出差办公的旅客送过去。这位员工还给赫伯·凯莱赫留了一张字条：“你教我们要能积极主动地照顾顾客权益，我希望你真正相信自己所说的话。”这次赫伯·凯莱赫笑得更大声了：“我们把账单付了，并且给这位员工一个特别奖励。”在这个案例中，“充分信任”及“独立自主”的组织文化，带来了西南航空客户服务速度的提升。表面看起来，这位基层员工造成了成本增加，但这种体贴顾客所形成的组织文化，将产生高度的顾客忠诚度，让飞机的载客率提升，反而使其成本率降低。

速度，不只来自精实的作业流程，也倚赖由下而上充满自主性和创造性的员工决策。

无穷如天地，不竭如江河

——亚马逊 VS 沃尔玛

在英语中，《孙子兵法》的翻译是 *The Art of War*，即战争的艺术。光凭这一点，就不得不佩服“老外”的眼光。他们知道，“兵法”不是死板的标准程序，而是艺术。

艺术的重要价值，是用不同角度去看待世人习以为常的事物。任何创新活动，都有艺术的因子，战争如此，企业经营也不例外。《孙子兵法》对企业经营的启发是：防守要靠基本功，所谓“以正合”（如成本控制）；攻击要靠创新招，所谓“以奇胜”（如创新的商业模式）。

孙子用三种比喻告诉我们，兵法就是艺术。在《孙子兵法·兵势篇》中：

兵法像音乐，五声音阶就变化无穷。（“声不过五，五声之变，不可胜听也。”）

兵法像绘画，五种颜色就美不胜收。（“色不过五，五色之变，不可胜观也。”）

兵法像厨艺，五种调味就滋味无穷。（“味不过五，五味之变，不可胜尝也。”）

这20年来，把企业经营得像艺术般、新招不绝的代表公司，就是亚马逊。所谓“善出奇者，无穷如天地，不竭如江河”（以上引文皆出自《孙子兵法·兵势篇》）。而亚马逊可以源源不绝地推出新招的动能，来自长期“沉溺于满足顾客”的追求。

比较亚马逊和沃尔玛财报中“给股东的信”，可以发现两者风格有着巨大差异。2018年，沃尔玛的首席执行官董明伦（Doug McMillon）说道：

> 首先，我们知道我们顾客生活的忙碌远胜以往，因此我们首要目标是让他们每天的日子更好过。顾客仰赖我们的“低价”，也期望我们替他们节省时间。

沃尔玛过去完全将重点放在“低价”上，现在则加上了“省时”。但它对于顾客需求的认知，始终停留在提升效率的层次，因此其战法始终是“正”有余而“奇”不足。

缺乏想象力但有强大执行力的沃尔玛，依然是值得敬佩的世界级公司。2017年，沃尔玛的总营收第一次超过5 000亿美元，获利为105亿美元（3年来最低），但营运现金流高达285亿美元，它依然有雄厚的财务实力投资未来，与诸多新兴势力一战再战。

至于贝佐斯如何把财报当成“兵法”，有效地塑造投资人的预期并与之沟通长期愿景，请看《财报就像一本故事书》的前言——《淬炼说故事的力量》。贝佐斯告诉我们，说故事真正的力量，不是文笔的力量，而是领导者“心”的力量。

2016 年第四季，巴菲特卖掉了自己持有长达 12 年的 90% 的沃尔玛股票（市值约 9 亿美元）。巴菲特没有质疑沃尔玛引以为傲的诚信经营，他只是感叹地说：

> 零售业实在是太难经营了。特别是亚马逊崛起后，它已经颠覆了许多公司，它还会继续颠覆更多的公司。亚马逊实在是一个“狠、狠、狠”（tough，tough，tough）且有竞争力的公司，而大部分的公司还没有想清楚要如何对抗它，或者如何参与这个潮流。

本章的目的，以亚马逊与沃尔玛的竞争为主要案例，说明以传统财报分析的观念看待新创公司（如电子商务）时可能会出现的盲点，并讨论分析创新事业应有的思维。

股价代表经营者的“心”

任何财务学或会计学的教科书都诉说着同一个道理：

股价是企业未来获利（或现金流）经合理折现（调整风险大小）的加总值。

所以，股价反映市场对企业未来的想象，可以说是经营者“心”的力量及商业智谋的力量共同在资本市场中所激起的浪花。

由图6-1可以看到，亚马逊的股价自2014年起大涨，那是因为贝佐斯让市场相信亚马逊发展出来的事业，符合“好生意”的三个基本原则：

1. 规模格局可大幅扩张。
2. 能提供丰厚的资本报酬。

3. 荣景可以长期持续。

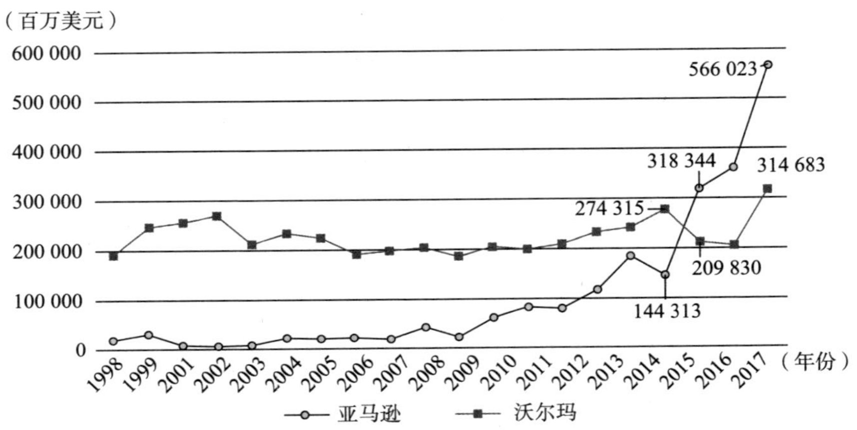

图 6–1　亚马逊与沃尔玛之市值比较

在 2014 年的财报中，贝佐斯用“心”说着亚马逊在经过将近 20 年的尝试创新之后，已经拥有了三个“好生意”。它们分别是：

1. 亚马逊市集（Marketplace）：让其他厂商也利用亚马逊的平台一起销售，目前全球已有高达 1 200 万家厂商参与，占亚马逊总销售金额的 40% 以上。

2. 快递服务会员（Amazon Prime）：只要付小笔金额加入会员（2018 年的年费为 119 美元），就可以享受快速且免费的购物快递服务。目前，其在全美已有超过 9 000 万个会员，形成了一个稳定成长的高消费族群。而其所累积的消费信息，更是“大数据”在商业分析中的练兵场。

3. 网络服务（Amazon Web Services，AWS）：以亚马逊从事电子商务的丰富经验为基础，给大中小型企业提供互联网的各种软硬件服务。其营收增长速度极快，目前规模已占亚马逊总营收的近 20%。AWS 甚至有能力战胜传统高获利的企业咨询事业领导厂商。例如，2013 年亚马逊由 IBM 手中抢下美国中央情报局（CIA）布置机密情报的信息平台，金额高达 6 亿美元。

而从图 6-2 的获利比较中，我们也可以发现，虽然亚马逊的获

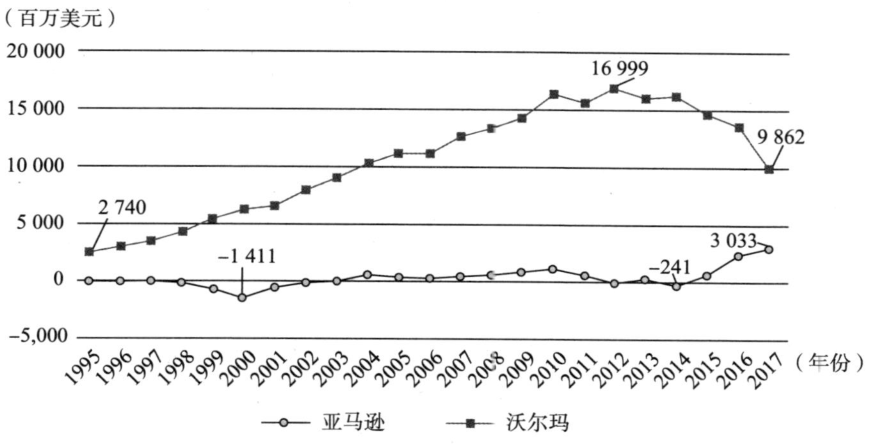

图 6-2　亚马逊与沃尔玛之获利比较

利自 1995 年创立时起就远远不如沃尔玛，甚至还时有亏损的情形，但是市场仍然给予其高度期望。2014 年，亚马逊亏损 2.41 亿美元，但此后亚马逊的获利快速成长，2017 年已经达到 30 亿美元，符合上述贝佐斯“好生意”开始发酵的论点。面对亚马逊的威胁，沃尔玛的获利则连年衰退，导致目前亚马逊市场价值远远超过沃尔玛的现象出现。

如何比较传统零售业与电子零售业

在第五章传统零售业沃尔玛和凯马特的分析中，最重要的财报比率有二：一是防守指标，即管销成本与营收之比率；二是攻击指标，即毛利率，因其背后牵涉定价策略。如何从财报中比较传统零售公司与电子商务公司的相对竞争优势？当电子商务公司刚开始发展，其成本结构仍不清晰时，这的确是一件困难且容易被误导的工作。

防守指标讨论

传统零售商在损益表上揭露的营业费用，基本上只包含销货成本与管销费用。而这两大类营业费用占营收的比重，基本上是相当稳定的。

如果我们用传统的观点看图 6–3，会发现亚马逊的管销费用率几乎都高于沃尔玛，仅在 2004—2010 年间较为接近。这代表亚马逊在管销成本的控制上远远逊于沃尔玛吗？

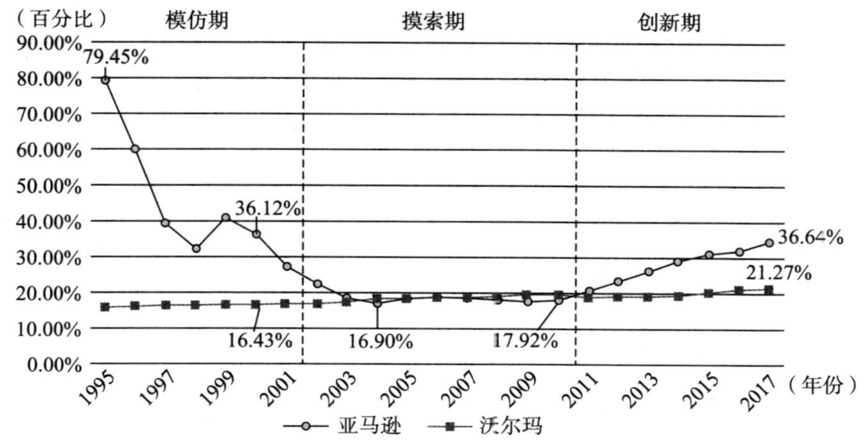

图 6–3　亚马逊与沃尔玛管销费用占营收比率比较

其实，电子商务零售业者的营业费用不只包含传统上的销货成本与管销费用。由 2002 年起，其管理销售费用在损益表上细分成四项：

1. 仓储系统相关成本。
2. 广告相关支出。
3. 技术与内容费用。
4. 一般管理费用。

其中，“技术与内容费用”类似科技公司的研发费用，沃尔玛并无此项目。若将亚马逊的“技术与内容费用”从管销费用中扣除，再次比较两者的趋势，由图 6-4 可以发现，亚马逊的管销费用占营收比率从 2002 年之后低于沃尔玛，这与凯马特的成本始终高于沃尔玛大不相同。

亚马逊管销费用的“微笑曲线”，大致可以分为三个阶段：一是模仿挖角期，二是摸索尝试期，三是创新有成期。

模仿挖角期

1997 年，亚马逊上市后，不断挖角沃尔玛的重要员工，并尽其所能地模仿沃尔玛的成本控制优点（包括建立更有效率的波浪形捡货系统）。最具指标性的是，1997 年亚马逊挖角沃尔玛的信息技术副总裁里克·达尔泽尔（Rick Dalzell）。达尔泽尔是沃尔玛建立供应链系统的重要功臣，在他转任亚马逊的 CIO（首席信息官）后，为亚马逊规划了许多软硬件设施及作业流程，使亚马逊营收开始飞快成长。1998 年，亚马逊再度挖角沃尔玛的前任配销副总，建立新式的物流中心，使亚马逊与沃尔玛的成本差距更为缩小。

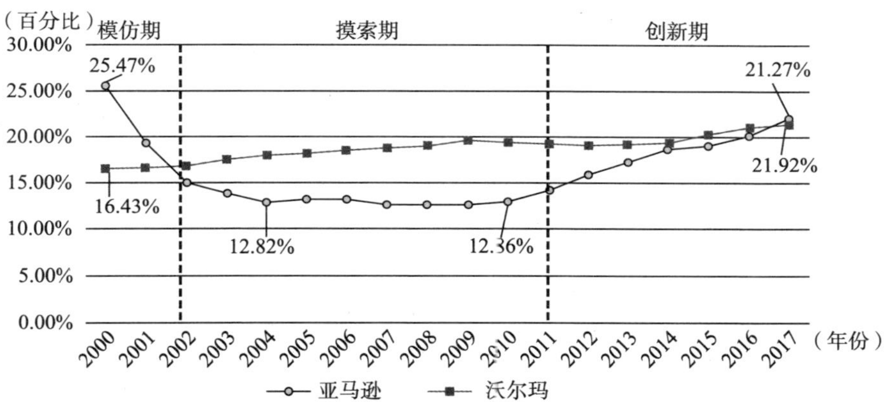

图 6-4　亚马逊与沃尔玛管销费用（扣除技术与内容费用）占营收比率比较

沃尔玛注意到了这些情况，决定做出反击。1999 年，沃尔玛控告亚马逊窃取商业机密，但两方最后以和解收场，这实质上并没有对亚马逊造成太大影响。例如，亚马逊不会以调动员工职位来满足和解要求，而最核心的人物达尔泽尔仍继续担任亚马逊的 CIO。快速的营收成长及成本优化，使得亚马逊的管销费用占营收比率快速降低。1995 年，亚马逊的管销费用占营收比率曾高达 79%，到了

2000 年已降低至近 36% 的水平，下降幅度极大。

值得一提的是，1996 年，沃尔玛曾推出自己的电商平台 Walmart.com，但因沃尔玛当时并不认为电子商务会是未来的趋势，并没有放太多心力在这个平台上。2000 年，Walmart.com 甚至发生网络订单无法保证出货，导致紧急下架维护的窘境，其稳定性与亚马逊相差甚远。

摸索尝试期

在建设仓储系统及渠道网络的过程中，2002 年，亚马逊意识到自己已与传统的零售业不同，便开始细分管销费用，将其分为前述的仓储系统相关成本、广告相关支出、内容与技术，以及一般管理费用。而随着渠道建设与内部管理系统开发的逐渐完善，亚马逊的管销费用平稳下滑，2004—2010 年间都维持 17% 左右的水平，与沃尔玛相差不大。而若扣除掉“内容与技术费用”，亚马逊的管销费用占营收比率更是比沃尔玛低了 6% ~ 8%。

在不断摸索定位、挖掘各种可能机会的过程中，亚马逊未来重要的服务开始萌芽（如云服务，Amazon Web Service）。云服务当时只是为了应付亚马逊快速成长的流量及业务，而开发的一套内部使用的高效整合系统。但随着更多开发工程师及资源的投入，这套系统逐渐成长为可服务公司以外的客户的系统，最后竟然成为亚马逊的重要成长引擎，这恐怕是当时开发者都始料未及的。

创新有成期

2011 年后，亚马逊的管销费用占营收比率又逐渐上升。原因是随着亚马逊的电商体系逐渐完善，布局更健全的物流网，并且开发多项业务（如会员服务、云服务等），其仓储系统相关成本及研发成本也开始大幅上涨。

2011 年，亚马逊的研发成本为 29.09 亿美元，占整体营业费用的 6.05%；仓储系统相关成本为 45.76 亿美元，占整体营业费用的 9.52%。但到了 2017 年，研发费用已经增长到 226.2 亿美元，占整体营收的 12.72%；仓储系统成本为 252.3 亿美元，占整体营收比率的 14.20%，成长非常惊人（见图 6-5 与图 6-6）。

相对于沃尔玛的管销费用率稳定到有如一条水平线，亚马逊的营业费用率于“创新有成期”急速上升。在亚马逊的新创事业营收尚未呈现爆发性成长前，其管销成本的增加非常容易被误解为经营管理缺乏效率。沃尔玛对亚马逊会因为“看不懂”，而产生“看不起”的误解；然而当沃尔玛看懂之后，恐怕就要陷入“来不及”的竞争困境了。

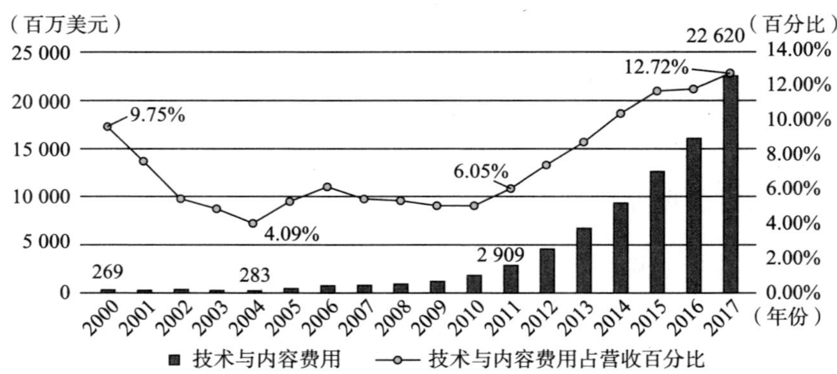

图 6-5　亚马逊技术与内容费用及占营收百分比

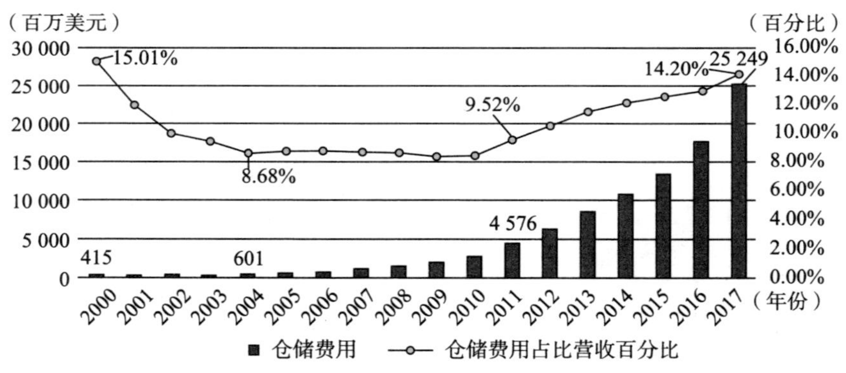

图 6-6　亚马逊仓储费用及占营收百分比

而沃尔玛，仍然在电商领域奋力挣扎。2008 年，收购科技公司 Kosmix，期望改善沃尔玛的电商平台技术；2012 年，更投资中国电商平台“1 号店”，可惜仍不敌中国本土的阿里巴巴与京东商城的竞争；2016 年，沃尔玛将“1 号店”出售给京东商城。但随后，沃尔玛又并购美国电商平台Jet com，期望能够替自己的电商平台注入新气象。虽然沃尔玛在电商平台的表现似乎尚无重大进步，但沃尔玛规模庞大、财务资源雄厚且实体渠道布局完备，其反击力仍不容小觑。

特别值得注意的是沃尔玛的实体店面。在信息平台与物流平台的充分整合之下，实体店面摇身一变成为威力极大的小型快速发货中心，对“最后一里”商品的快速配送有莫大的帮助。这些资源让沃尔玛有能力应对与亚马逊的后续竞争，值得我们持续追踪观察。

攻击指标讨论

接下来，我们观察亚马逊与沃尔玛的攻击指标——毛利率（见图6-7）。

在仔细分析两者的毛利率之前，我们必须先来澄清两家公司对于销售成本（cost of sales）在定义上的不同。通过2017年的财报，我们可以发现，沃尔玛对销售成本的定义较为传统，除了货品成本之外，还包含货物在企业内部运送到各个店面的费用。但是对亚马逊来说，销售成本除了旧有的定义之外，还包含数字内容（亚马逊影片及亚马逊音乐）费用，内部物流作业材料、物流中心设备成本

及运送费，以及付款处理与相关的交易费用等。销售成本的组成差异，反映了两者营运模式的不同。

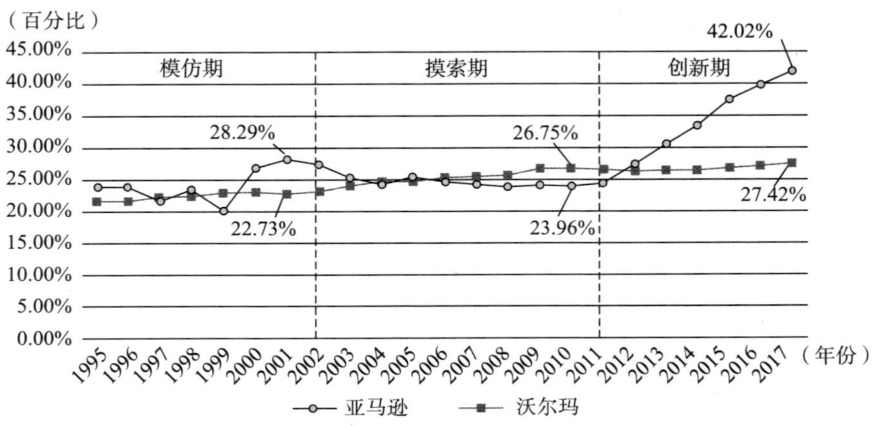

图 6–7　亚马逊与沃尔玛毛利率比较

我们同样以亚马逊成长的三阶段来分析毛利率的变化。

模仿挖角期

初期还是电子书商的亚马逊，完全了解低价之于零售业的重要性。而随着挖角沃尔玛的重要核心成员，亚马逊的供货成本开始下降，这使得毛利率上升。近 2000 年时，亚马逊的业务从贩卖电子书扩展到贩卖电子产品及激光视盘等产品，这些产品也比原本的书籍毛利更高，使亚马逊的毛利率在短期内超过了沃尔玛。

摸索尝试期

2000年后，亚马逊开始将自己的版图拓展到家庭生活用品，并利用自身优势，将价格压到与沃尔玛差不多的水平，这使得亚马逊整体毛利率下降，并开始与沃尔玛进行价格战。同时，亚马逊不断大力建构自己的渠道及仓储系统，以期能正常供应大量订单。像亚马逊这种电子商务公司，在建构如此庞大的配送渠道系统时，其成本会计算在销货费用中，应该会使毛利率大幅减少。然而，从图6-7我们可发现，亚马逊的毛利率只略低于沃尔玛而已。原因是随着亚马逊大量布局渠道系统，以及大力研发内部管理系统，其成本管理出现综效，这使得亚马逊的销售成本也降低了。因此，亚马逊在探索尝试期，仍能维持一定的毛利率。

然而，如同之前所讨论的，亚马逊因为在“技术与内容费用”方面投下了巨额费用，导致其利润率相当差，这也让市场上对电子商务公司产生了“不会赚钱，终究只是泡沫”的疑虑。

创新有成期

2011年后，亚马逊的云服务及会员订阅服务等收入的比重开始上升。这些业务如前所述，属于高毛利的业务，这让亚马逊的毛利

率开始快速上涨。此时的亚马逊，不再只是一家单纯的电子商务零售公司，而是一家新型的科技服务公司了。2010 年亚马逊的毛利率为 23.96%，到 2017 年已成长至 42.02%。

在经历了上述三个阶段后，亚马逊的毛利率反映了其不断变化的趋势，由开始单纯的电子书商到今天的科技服务巨擘，若单纯以传统零售商的角度来审视亚马逊的“毛利率”，绝对会误判情势而不得其解。

这一切的变化，都不是新创事业的投资初期就可以预见的，而是以“沉溺于满足顾客”的专一精神，不断去尝试各种可能性、不断研发，最后方能见到各种新业务开花结果（如云服务、订阅会员服务等）。而在沃尔玛终于理解不能以狭隘的眼光去看待亚马逊时，亚马逊已经成长为截然不同的多元化平台企业了。

亚马逊 VS 开市客

亚马逊新兴的会员服务业务，令人联想到另一家零售业者龙头开市客（Costco Wholesale Corporation）。开市客成立于1983年，是美国第一大会员制仓储量贩店。2017年，开市客的总营收为1 290亿美元，其中1 261亿美元来自商品销售，29亿美元是会员费（Membership fees）收入，获利约28亿美元。这种利用会员费获利的方式，最大的特色便是极低的毛利率——唯有利用低价配上高质量的产品，才能吸引消费者注册会员并支付年费。

由表6-1我们可以发现，在扣除会员费的影响后，开市客的毛利率只有10%左右，远低于亚马逊及沃尔玛的20%～30%，由此可见开市客定价之低廉。而在进一步扣除管销费用后，营业收益率只剩下1%左右，这反应在商品销售部分，开市客的利润极薄。然而，虽然会员费收入仅占总收入的2%左右，却是开市客的主要利润来源（约占七成）。

值得注意的是，近年来亚马逊会员服务的便利（如影音、快速到货等），也吸引愈来愈多人注册成为其会员。若未来亚马逊能提供的货品价格愈来愈低且范围更广，就极有可能变成开市客的强力竞争对手。

表 6–1 开市客的会员费收入占比及影响

年	2013	2014	2015	2016	2017
会员费收入占总营收比重	2.17%	2.16%	2.18%	2.23%	2.21%
毛利率（扣除会员费收入影响）	10.62%	10.66%	11.09%	11.35%	11.33%
管理销售费用占营收比率（扣除会员费收入影响）	9.82%	9.89%	10.07%	10.40%	10.26%
营业收益率（扣除会员费收入影响）	0.75%	0.72%	0.96%	0.88%	1.00%
会员费收入占营业利益比率	74.88%	75.40%	69.90%	72.06%	69.40%

亚马逊 VS 京东

中国电子商务产业飞跃似的成长，已在全球占有举足轻重的地位，其中京东商城（JD.com）非常具有代表性。京东商城于 2004 年创立，起初只贩卖计算机等电子产品，直到 2010 年左右，才开始提供更多样的商品选择，其发展策略有点类似亚马逊。

京东创始人刘强东发现，就物流成本占营收比率而言，美国大概是 7% ~ 8%，日本大概是 5% ~ 6%，而中国的物流成本竟高达 17% 以上，几乎吞噬掉电子商务公司所有的利润。根据京东商城自己的统计，中国每一件商品从离开工厂大门到达消费者手中，中间要搬运五次到七次，耗费许多成本和时间。因此京东商城开始自建物流系统，立志在中国创造属于自己的完整渠道体系。

相对于在电子商务领域耕耘多年的亚马逊，京东无论是在营收还是获利上都相差甚远。2017 年，亚马逊营收为 1 778 亿美元，京东只有 556.8 亿美元。两者的营收结构也有差异（见图 6-8）。2012 年，亚马逊的营收有 85% 来自产品收入，15% 来自服务收入；到了 2017 年，亚马逊的服务收入已经增长到 33%，接近 1/3。而京东的服务收入占比只由 2012 年的 2% 增长到 2017 年的 8%。

在获利方面，由图 6-9 可明显看出，亚马逊近几年的获利大幅提升，呈现快速增长的趋势；而京东的获利仍旧不稳定，呈现大幅波动的状态。

若我们观察图 6-10 两家企业的自由现金流（指营业活动现金流减去必要的资本性支出，代表企业的财务弹性高低），可以发现

亚马逊除了 2017 年因并购有机食品零售龙头“全食超市”（Whole Foods Market）花费 132 亿美元，导致自由现金流为负之外，基本上都能维持正的自由现金流。而京东则是自上市以来，几乎都处于负自由现金流的状况之中，这代表京东目前仍无法以本业收入撑起投资需求，在财务状况的健全上仍远逊于亚马逊。

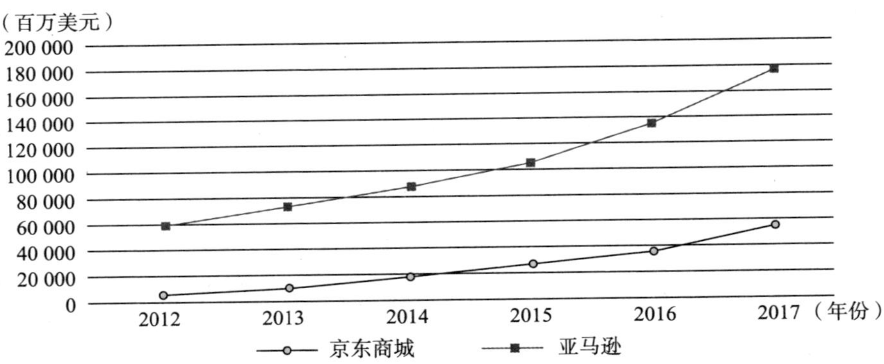

图 6-8　亚马逊与京东商城营收比较

亚马逊虽以电商平台起家，但对物流系统相当重视，包括利用机器人、无人机等高科技设备，辅以亚马逊的强大计算能力，不断优化自己的物流；在各地广设仓储系统，建立运送车队，就是为了能在第一时间将货品送交至顾客手上。同样，京东商城也积极部署它的物流系统，目前京东的自营物流已经可以覆盖中国大多数地区，其他未能涵盖的地区则交由第三方物流来作业。不难发现，实体的物流网已经是电商平台的兵家必争之地。

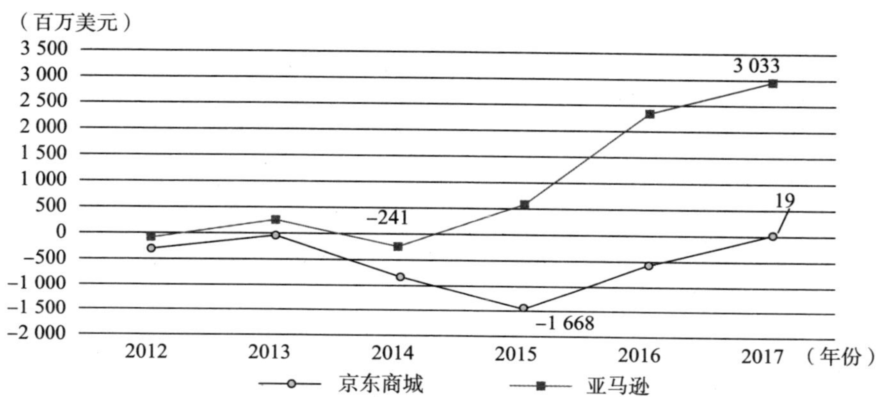

图 6-9　亚马逊与京东商城获利比较

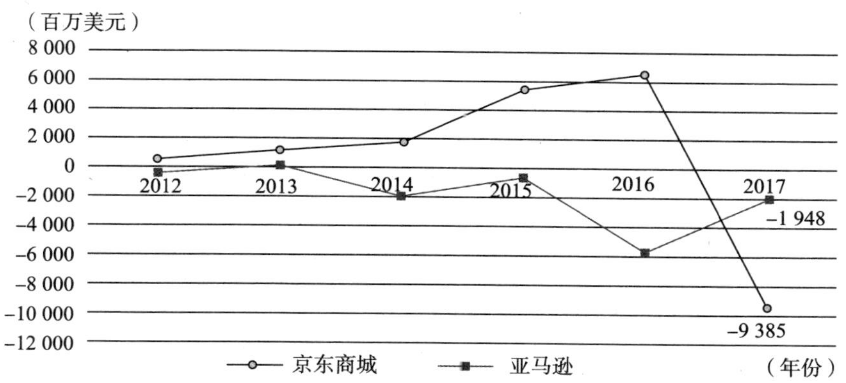

图 6-10　亚马逊与京东商城自由现金流比较

若我们观察亚马逊及京东商城近六年销货成本占总收入的比例（如图 6-11），可以发现两者的占比皆呈现逐渐下滑的趋势。除了因销售量的提升使得产品成本下降之外，更重要的是对两家厂商来说，

他们投入物流网的资源得到了回报。随着物流网逐渐完善、销货量提升，说明有更多收入来分担建设物流网的成本。

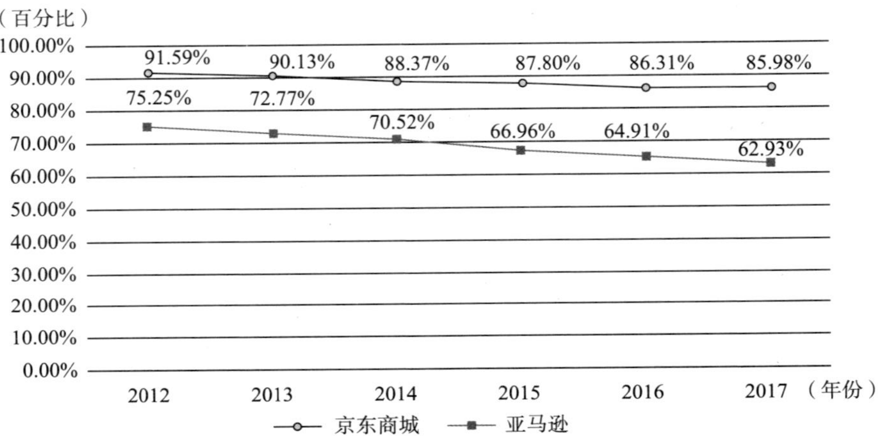

图 6-11　亚马逊与京东商城之销货成本占总收入的比例比较

此处值得注意的是，若我们以传统分析零售商的角度来看电商平台，将会造成分析上的盲点。由于把物流网的建设成本纳入销货成本中，使得电商平台的销货成本占比较传统零售业高，投资人可能会误以为它们在销货成本上的议价能力较低或没有竞争力；但其实这是电商平台正积极投资的迹象。同样，电商平台的销货成本的营收占比在下降时，不单单只是因为它们在采购上更具议价能力，还因为物流网建设的成本随着销货量上升而产生规模经济。这些都是在解读电子商务公司的财报时必须特别注意的重点，否则很容易产生误解。

亚马逊整体的管销费用占营收比率远高于京东商城（见图6-12），主要是因为技术与内容费用率及仓储系统相关成本率都较京东高出5%～10%。而随着亚马逊的投资规模不断成长，近年来两者管销费用占营收比率的差距正不断扩大。可见，亚马逊的数字技能投资与能力均大幅超越京东商城。

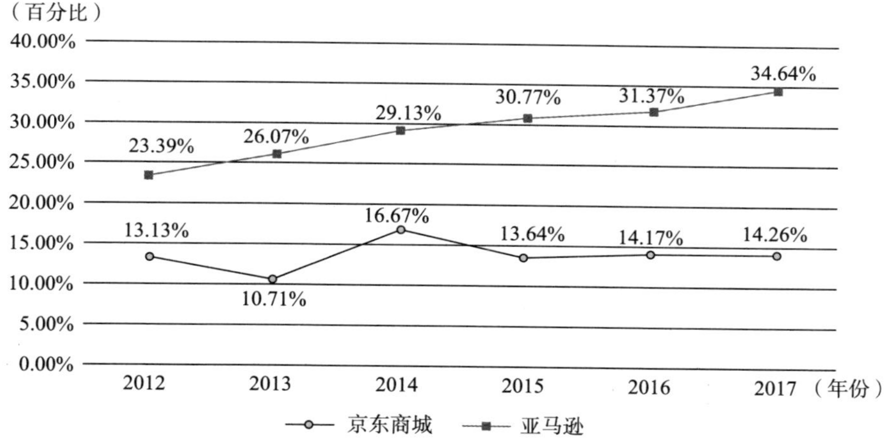

图6-12 亚马逊与京东商城之管理销售成本占总收入的比例比较

创新不竭如江河

近年来，京东以物流效率在中国著称，阿里巴巴原董事长马云喊出“中国 24 小时，全球 72 小时”的口号，要旗下的物流系统迎头追上！但京东不甘示弱，喊出“全球 48 小时到货”的目标，无论如何都要守住物流网的优势。而这些优势的形成，背后仰赖的是大量采用最新的电子信息科技。

2018 年 6 月，谷歌与京东正式成为战略合作伙伴，谷歌将投资京东 5.5 亿美元，期望借谷歌的技术优势加上京东的供应链及物流能力，打造包括美国及欧洲在内的全球多地区合作零售方案，希望能抢先建设出适应全球生态的零售系统。

其实，京东早已开始准备建海外市场的物流系统。在 2015 年，京东就已经开始建立海外仓库，包括东京、洛杉矶等地。就连对物流业建设难度极高的印度尼西亚，京东也已有所斩获。破碎的岛屿地形使企业在印度尼西亚建设物流系统有相当的难度，但京东目前已经可以在印度尼西亚七大岛共483个城市和地区运送货物，时间也比过去的5～7天还短。如今，京东加上谷歌的技术协助，未来的物流能力应可继续提升。

有趣的是，谷歌之所以会加入这场零售业战局，也与亚马逊有关。电商平台的广告一直都是谷歌广告业务的重要收入来源，但自从亚马逊Echo（亚马逊推出的搭载智能语音助理的小型音响，消费者可以用简单口头描述的方式进行货品下单）受到欢迎，已逐渐威胁谷歌网络购物广告的流量；加上亚马逊的广告收入正不断增长，促使谷歌决定加入这场电商之战。

面对各种战略联盟、商业模式变革、数字科技创新，以及超级大型平台企业的兴起，只要稍有疏忽，企业就会在意想不到的地方被击败；而到底谁是竞争对手，也变得更为模糊。因此，企业更需要具备迅速调整定位及改变战法的能力，《孙子兵法》所谓“无穷如天地，不竭如江河”的创新智慧，也就显得益发重要了。

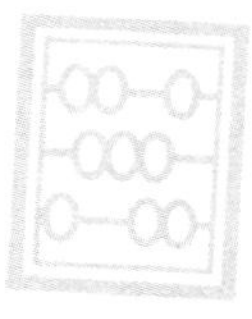

善战者，胜于易胜者也

——台积电 VS 三星电子

2015 年 10 月 17 日，台积电创始人张忠谋应邀到台湾大学管理学院的 EMBA 课堂上发表以《我的经营经验与经营哲学》为题的演讲。在说到台积电的创业构想过程时，张忠谋感性地以王国维《人间词话》中著名的文学评论来阐述自己的心路历程。

王国维说：“古今之成大事业、大学问者，必经过三种之境界。”1987 年创立的台积电，是半导体产业中的大企业，这是毫无疑问的。因此，以下的三种境界，虽是评论文学，但评论企业也极贴切。而其中点滴心境，非大事业家不能道出。

第一种境界：“昨夜西风凋碧树。独上高楼，望尽天涯路。”（晏殊《蝶恋花·槛菊愁烟兰泣露》）张忠谋说：“望尽天涯路，发现无路。”为何无路？韩国三星电子会长李健熙，曾邀张忠谋与几位中国台湾地区的电子产业核心人物去参观三星。三星的创业精神、执行力及在半导体领域的布局规模，令参观者有走投无路、不知如何取胜的震撼感。

第二种境界：“衣带渐宽终不悔，为伊消得人憔悴。”（柳永《蝶恋花·伫倚危楼风细细》）这里的“伊”，在台积电创业初期，是苦思避开与三星直接竞争的商业模式；在台积电快速成长过程中，则是苦思事业经营中每一个大大小小的决策。

第三种境界："众里寻他千百度，蓦然回首，那人却在，灯火阑珊处。"（辛弃疾《青玉案·元夕》）对所有新观念的突破，此语都非常贴切。张忠谋在历经"无路""苦思"后，于灯火阑珊处找到创新的商业模式——晶圆代工。

晶圆代工的商业模式，如今已是耳熟能详。但其实践所需的企业文化与人才培育机制，则极为细腻精深，详见第九章有关"台积电将才培育"的讨论。

从《孙子兵法》角度来说，面对像三星这种强大的竞争对手，最重要的取胜之道是"善战者，胜于易胜者也。"（《孙子兵法·军形篇》）简单来说，就是从商业模式到产品选择，如果和三星类似，那就是正面冲突，而妄想在不易胜之处取胜，则极难存活。中国台湾地区的DRAM（Dynamic Random Access Memory，即动态随机存取存储器）产业面对三星的强力竞争，最后几乎全军覆没（只有南亚科技成为美光的代工协力伙伴，仍然存活），就是血淋淋的教训。而台积电独创的晶圆代工商业模式，虽仍有半导体巨大设备投资、高风险的特性，但因其避开了三星在商品研发制造方面的优势，进入高度定制化、差异化的制造服务领域，所以其创新战法则为三星所不及。

本章将通过财报信息，具体分析台积电与三星的特性和竞争，

并更进一步讨论全球半导体生态图中的竞争活动。但在进入主题之前，请读者欣赏作为差异化策略的代表性厂商路易威登的做法。“差异化”不是只有策略、产品、服务等具体商业行为。要维持“差异化”，最根本的是“心”的力量——这是一种追求独特价值，不肯模仿他人的坚持；一种对自家产品及服务价值的信心；一种可以对抗顾客强大降价要求及转单威胁的意志。而这种坚持与能力，最终会表现在财报的具体数字上，例如较高的毛利率等。

超凡之心才撑得住差异化——山谷中的服装秀

1995 年，著名华裔建筑师贝聿铭接受日本宗教团体“神慈秀明会”会长小山美秀子（Mihoko Koyama, 1910—2003）委托，在滋贺县山上（离京都 30 公里）建造一座私人美术馆。当贝聿铭进行现场地形探勘时，脑海中浮起陶渊明《桃花源记》描写的景象：“林尽水源，便得一山，山有小口，仿佛若有光。便舍船，从口入。初极狭，才通人。复行数十步，豁然开朗。”于是，他在山上打出一个弯曲狭长的隧道，一走出隧道口，是一座钢索吊桥，远远可以看见有2/3埋在地下的美术馆主体。1997年，这座MIHO（美秀）美术馆正式开幕，与大自然融合无间的世外桃源意象，立刻让世人赞叹不已。MIHO美术馆也被美国《时代》杂志选为全球十大建筑，它是贝聿铭生平代表作之一。

贝聿铭或许也很意外。2017年5月15日，在MIHO美术馆庆祝开幕20周年，以及他自己庆祝100岁生日时，由MIHO美术馆的隧道中一个个走出来的，不是“晋太原中武陵人”，而是全球精品产业龙头路易威登的时装模特。在这场别开生面的时装秀中，路易威登邀请其全球贵宾约500人到日本参与这场盛会，并负责所有食宿交通费用。路易威登动员包括男女模特、灯光、美术、音效等约300位工作人员，在一向远离尘嚣的山谷中，留下一道奢华的轨迹。

这就是路易威登，不断颠覆我们的想象，使其品牌代表着艺术与创造力。而谈到艺术，又有谁会云斤斤计较艺术品的材料成本和艺术家的人工成本呢？路易威登提升品牌的活动，在财报上留下非常独特的痕迹。2017年路易威登的损益表，很清楚地显示它有庞大的营收（426亿欧元）和净利（51亿欧元）。此外，它享有极高的毛利率（65.3%），但也需要极高的管销费用占营收比率（45.8%）来营造奢华品牌的尊荣感（上述MIHO美术馆的时装秀，就是路易威登如何花大钱的范例之一）。而成功品牌操作的成果，是长期稳定成

长且丰厚的利润。在路易威登2017年的资产负债表中，金额最大的就是因并购活动所造成的商誉（165亿欧元），第二大则是品牌价值（137亿欧元）。这两大项都是所谓的无形资产，建立在顾客和投资人对其产品“差异化”的认同上。

其实，路易威登本身是个包括60多个精品品牌的组合。精品业的灵魂，是品牌的创意总监（即设计师），他们持续推出让消费者惊艳的作品。而路易威登能常保竞争力，压倒其他“中驷”与“下驷”的重要原因，是为创意人才提供更大的舞台及更多的创作资源。例如，2012年，路易威登挖走了以极简风格著称的德国品牌吉尔·桑达（Jil Sander）设计师拉夫·赛门斯（Raf Simons），请他担任旗下克里斯汀·迪奥（Christin Dior）的创意总监。赛门斯的第一个任务，是在8周内推出第一次的高级定制服系列。赛门斯在极短的时间内推出让市场极其赞赏的作品，除了自身的才华外，迪奥本身拥有的强大的制衣团队（平均年资约30年工作经验）也是一大助力。而秀场四面墙壁上布满了五彩缤纷鲜花的场景，更是让看秀的宾客们惊叹不绝。赛门斯从小热爱花卉，当他提出让会场鲜花满布的想法，待路易威登董事长伯纳德·阿诺特（Bernard Arrnault）对预算点头后，就有50个专业人员在48小时内将鲜花插遍会场。这种大舞台大资源，让路易威登吸引源源不断的创意人才为其效命。

不论产品或服务为何，坚持采取“差异化”策略者，在组织文化及核心能力上，必须有着路易威登每年在年报上揭露的聚焦点——对创造力的热情（passionate about creativity）。而这种热情最终会产生被市场认同的附加值（premium price），否则将无法支撑对尖端人才、技术、设备等应有的投资。反过来，当创造差异化的能力减退或消失时，对附加值的坚持会让自以为有产品或服务差异化的企业，暴露在被新兴企业猛烈攻击的风险中，甚至被淘汰出局。

全球半导体生态

本书的前几个的章节，主要提供了个别企业及竞争对手的比较分析。但在进行这种企业对企业的财报分析时，应该要对企业所处的产业生态有一个清楚的认识，才不至于只见树木不见森林。因此，在比较台积电和三星的竞争时，让我们先看看全球半导体重要厂商的相互关系，以及衍生出来的半导体生态（见图 7-1）。本章将择要对这个生态图中的攻防与成败加以讨论。

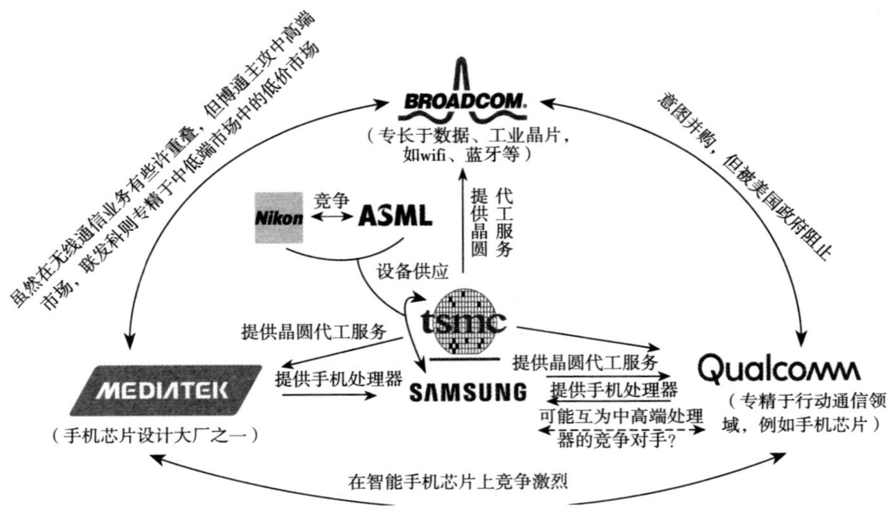

图 7-1　全球半道体重要厂商生态关系图

三星电子 DRAM“胜于易胜”的竞争策略

正因为半导体需要大投资，存在高风险，因此这个行业的著名领导者，都具有高超的商业智谋与旺盛的企图心。例如，所有见过三星电子会长李健熙的人，都对他强烈的战斗意志印象深刻。在三星电子研究所，挂着三星创办人李秉喆手书的“无限探求”四个字。如果能真正做到这四个字，三星就有能力进入任何一个它想进入的行业。2016年，我到瑞士巴赛尔市（Basel）参访世界著名的诺华公司（Novatis），诺华的策略官与首席学习官（Chief Learning Officer）负责接待我。他们表示，三星的代表团刚来洽谈未来可能的合作事宜，因为三星已经启动进入制药产业的计划。三星团队对制药所知有限，但自信满满到有些傲慢，他们说："给我们10年，三星没有什么事是做不到的。"这就是"无限探求"的精神，但能否成功就要看执行力了。

DRAM制造为资本密集型产业，每年的资本支出极大，且一旦投入后，这些资产很难转换为其他用途，因此进入及退出的门槛都很高。DRAM产业学习曲线效果明显，技术主导的公司享有高价格、高良率、低成本。此外，DRAM为同构型产品，市场的供给与需求决定其价格。产品生命周期短，使存货跌价的风险高。其终端产品多为消费性电子产品，像手机、平板、计算机等，消费者对价格的敏感度高，一旦终端产品价格受到冲击，下游业者（如苹果、戴尔、华硕等）就会把降价压力转移给DRAM制造商，造成其价格大幅波动，出现不是大好就是大坏的现象。

三星原本是DRAM产业的"下驷"，它是如何翻转竞争态势成为"上驷"的呢？因为三星懂得"胜于易胜"的精要。

在这里，我们仍以"上下都亢"的角度来分析。

三星“都”的优势：决策上以长期思考胜过竞争对手的短期思考，并采取“曲道加速”的战略

DRAM 产业暴起暴落的特性，反而是三星的机会。由于竞争对手多数为欧、美、日的上市企业，在景气低迷时，这些企业为了稳定利润，通常会降低研发费用、调降扩厂的资本支出。但由于三星是韩国政府扶持的家族企业（其子公司三星电子 1989 年才公开上市），没有短期股东回报率的压力，能在市场谷底大举增加资本支出，以缩小与竞争者在技术和产能上的差距。追赶几个经济运转循环后，三星就由“下驷”变成“上驷”了。例如，在 DRAM 市场低迷的 1983—1985 年间，三星却大幅投资。从图 7-2 及图 7-3 也可看出，2008 年金融海啸后经济前景未明，三星仍大胆加码于资本支出与研发费用。

2017 年，三星再次大幅增加资本支出，砸下超过 400 亿美元的重金，其中 2/3 投资于半导体部门（生产内存）的扩充产能，以及发展 10 纳米制程；另外 1/3 则用在显示器（弹性屏幕）上。这是三星有史以来最高的资本支出，三星也因此成为 2017 年全球资本支出最高的企业。

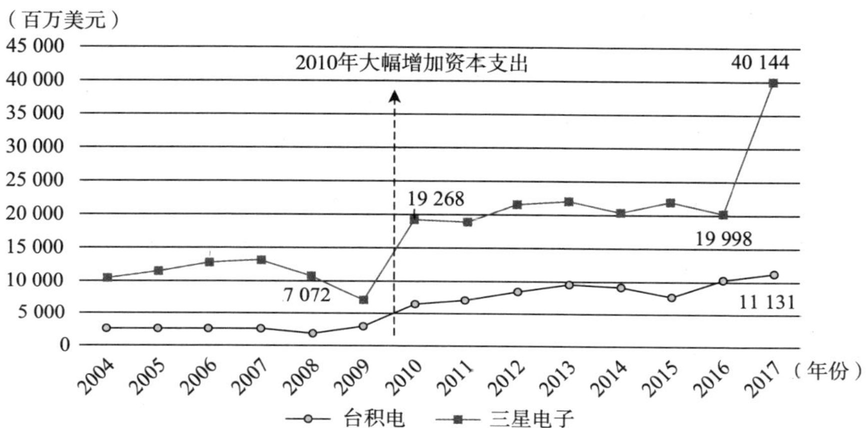

图 7-2　三星与台积电资本支出比较

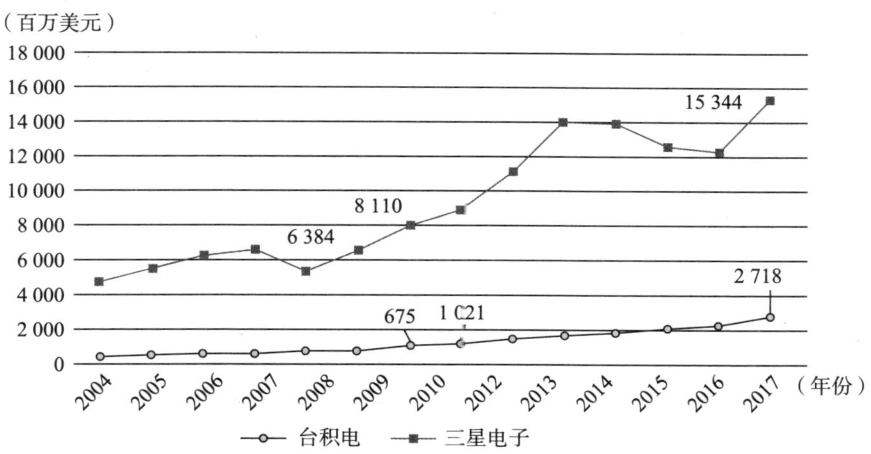

图 7-3　三星与台积电研发支出比较

三星“亢”的优势：三星在资金上有韩国政府支持，在市场低迷时“曲道加速”，依然可以取得充沛的资金。然而，在1998年的亚洲金融危机中，暴露了三星“亢”的风险

20世纪90年代，三星的负债比率相当高，在80% ~ 90%；1997年亚洲金融危机时，高负债的财务结构使得三星岌岌可危。为此，三星进行集团财务结构改革，有计划地压低长期负债的比率。2000年，三星的长期负债比率已经由1998年的48%降低为14%，整体负债比率也下降到了64%。而随着三星多元化的经营，集团营运逐渐稳定，近五年来三星集团的长期负债比率更是控制在5%以内。2017年，三星集团的长期负债占总负债约3%，流动负债占比约77%，财务结构相当稳健。值得一提的是，三星的整体负债比也仅剩29%，可见三星勇于认错的魄力和执行力（见图7-4）。

其实，台积电也是靠着“曲道加速”拉大竞争优势的范例。请参考图7-2与图7-3，并参阅第九章中对张忠谋先生“勇”的讨论。

再更进一步检视，在2002年之前，三星的营运活动净现金还不足以支撑投资活动所需，自由现金流量经常为负数（见图7-5），必须借融资活动来弥补资金缺口。但随着集团及多元化经营的成功，加上手机等核心事业群逐渐成熟，三星近年来的自由现金流量已经

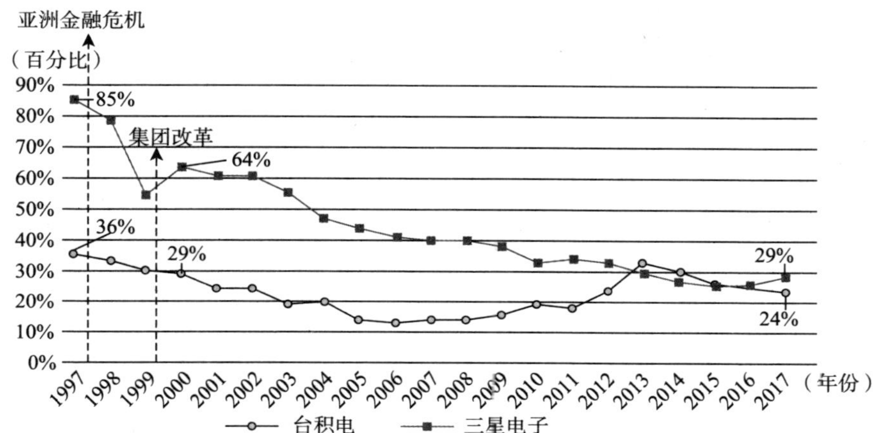

图 7–4　三星与台积电整体负债比率比较

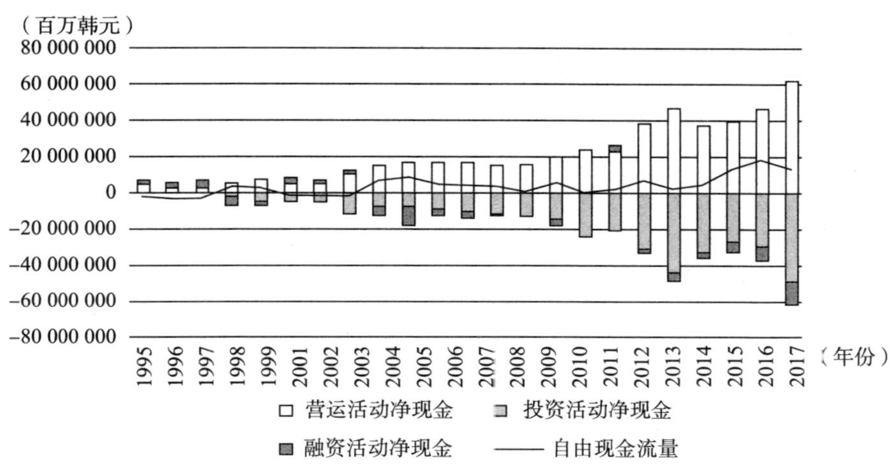

图 7–5　三星现金流量走势图

转正，营运活动的现金流入已经可以支撑投资活动所需。这显示三星除了调整负债结构之外，也巩固了自己的现金流来源，使得三星不容易再陷入财务危机之中，甚至在市场情况不佳时，仍深具财务弹性。

由于三星采用多元化经营，事业多元而复杂，因此阅读及分析其财报中的“分部报告”（segment reporting）非常重要（图 7-6 及图 7-7 揭示三星各部门的营收及获利情况）。早期，三星的营收主要来自消费性电子产品及产品服务，同时投资半导体产业；但早期半导体产业竞争者众，营业利益随着市场循环波动。2010 年后，随着三星的手机品牌在市场上崭露头角，手机事业部门的营收占比逐渐增加，到 2015 年更是占当年总营收的 89%。然而，近年手机市场逐渐饱和，手机部门的营收贡献便开始下滑。不过，由于虚拟货币等产业的兴起，使得内存厂商需求大增，三星半导体产品的营收比重又再度增加。

此外，晶圆代工是三星半导体事业群中的一小部分（约 7%），却是台积电事业的全部。因此，以作战决心而言，台积电完全没有退路，必然全力守卫其版图。这种决心，虽然无形，但极为重要。

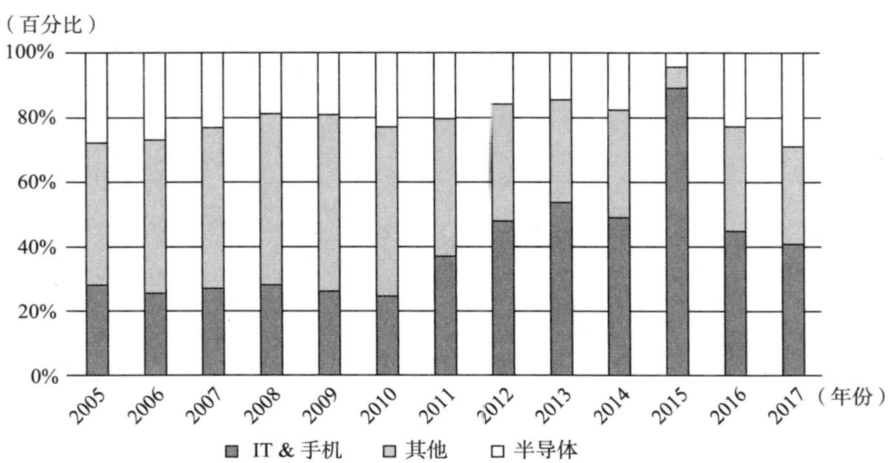

图 7-6　三星营收贡献比

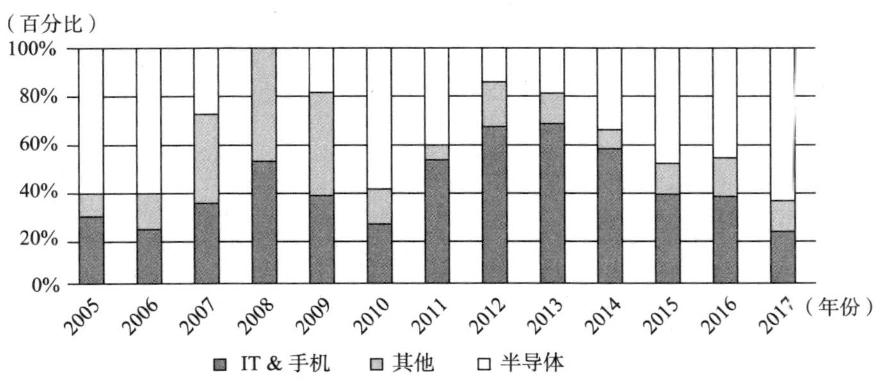

图 7-7　三星产品营业利润贡献比

台积电 VS 三星电子

台积电和三星电子在晶圆代工市场上的竞争相当复杂。就以争取苹果公司的订单而言，就有多次的来回攻防。例如，苹果是三星能发展晶圆代工的主要助力。当时的三星，是世界级的内存领导厂商，苹果的 iPhone 4 内存芯片、iPad 屏幕都由三星提供。三星为了不让自己的半导体产能过剩，用较低的价格向苹果争取晶圆代工订单，同时提供内存打折的优惠。因此，iPhone 从第一代芯片，一直到 iPhone 5S A7 芯片，都是由三星提供的。但到了 2011 年，三星的 Android 系统手机，与苹果的 iOS 系统手机展开激烈的竞争，随后苹果与三星又因为专利授权问题引发严重的法律诉讼，这使得苹果开始转向报价通常较三星高的台积电。例如，iPhone 6 的 A8 芯片最后全部都由台积电代工。

失去订单的三星奋起直追，抢先推出 14 纳米制程，抢回 iPhone 6S A9 芯片部分订单，但因为 iPhone 6S 被测试出搭载台积电芯片的机型比搭载三星芯片的更省电，甚至引起消费者集体退换货的行动。也就是说，即使三星在制程上领先了台积电，但在合格率及功耗上仍旧无法领先。这也让台积电取得了接下来所有苹果的芯片代工订单。像这样反复的订单争夺战，未来仍将持续。

截至 2017 年，根据拓墣产业研究院的报告指出，台积电在晶圆代工领域的市场占有率约为 55.9%，是世界第一；三星仅 7.7%，排名世界第四。

关于台积电与三星电子的竞争，下面详细加以讨论。

规模与复杂度上的差异

虽然三星与台积电同样在晶圆代工中互为强劲的竞争对手，但三星不是单纯的晶圆代工厂商，而是规模更加庞大，横跨半导体、液晶面板、消费电子（手机、计算机）等不同领域的大型综合性公司。因此，不论是在营收还是获利上，台积电的规模都比三星相差甚远。即使 2013 年后因智能手机市场逐渐饱和、竞争激烈，三星的营收开始下滑，但在 2016 年仍有 1 672 亿美元的营收，是台积电的 5.7 倍；而 2017 年因区块链等产业兴起，带动内存相关产业复苏，三星的营收再度飙高到 2 247 亿美元（见图 7-8）。三星规模之

“大”与复杂，至少有三个重要含义。

1. 如此规模庞大的企业能够维持有效率的运作，三星的执行力值得钦佩。

2. 三星为了争取晶圆代工订单，可以灵活提供在其他领域的智能财产专利或产品降价（如内存），形成一个有竞争力的配套组合（package）。

3. 如此横跨于多领域的企业组织，培养吸纳了多元的国际化人才，也是培养总经理的好地方，这是其跨足于其他领域的重要资源。

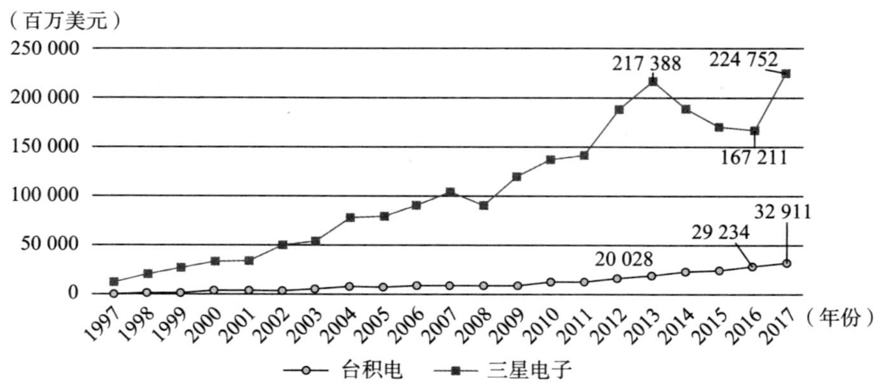

图 7–8　三星与台积电之营收比较

组织文化上的差异

在市场竞争中，三星由于涉足多个产品市场，成了许多人的敌人。而台积电提供的制造服务，并未涉足终端产品，其定位是做每个人的朋友（详见第九章）。多年来，我在访谈许多企业领袖后发现，三星是极少数会激发强烈“商场嫌恶感”的企业。所有竞争对手都对三星强大的执行力及坚强的求胜意志力非常佩服，但大家对于三星为了求胜，采取种种迂回于企业伦理灰色地带的竞争手法，则非常嫌恶。三星强大的技术能力和难以恭维的企业伦理口碑，形成强烈的对比。然而在晶圆代工商业模式中，由于牵涉顾客极机密之知识产权，企业伦理与信任等无形因素就变得相当重要。这是台积电组织文化上的长处，也是三星的缺点。

毛利率的差异

由于台积电是专注于高附加价值的晶圆代工厂商，因此毛利率能维持在 50% 左右的水平。三星虽然也有晶圆代工的业务，但集团内仍有其他消费性电子产品，毛利率较低，故会将集团整体毛利率拉低。21 世纪初，三星的毛利率都低于台积电 10% 左右，直到

2010 年后随着智能型手机的兴起，且手机部门在三星的营收占比逐渐升高，三星的毛利率才开始些微爬升。2013 年后，虽然智能手机因竞争逐渐饱和而失去动能，但因内存相关市场的再度火热，内存等高毛利产品的贡献提升，使三星的毛利率大幅增加；至 2017 年已超过台积电，到达 55% 的水平。（见图 7–9）

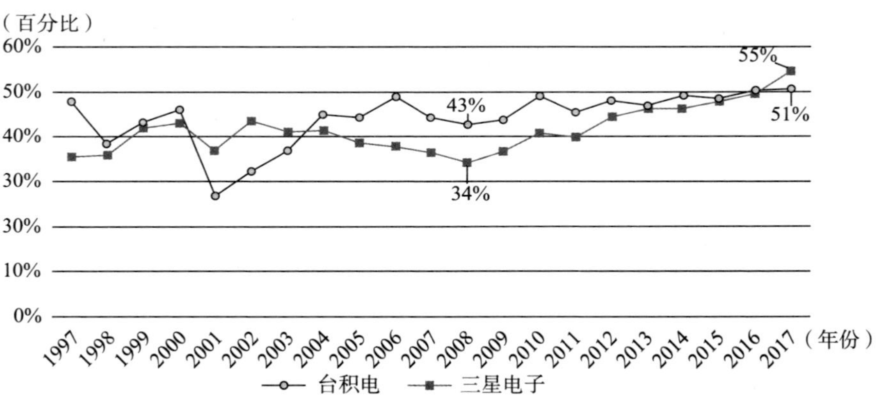

图 7–9　三星与台积电之毛利率比较

台积电除了在新制程上通过持续大规模研发保持优势，得以取得高价格且高毛利率的订单之外，如何善用成熟制程也非常关键。因为并不是所有厂商都像苹果一样，需要有最新的制程来制造芯片；许多中小型客户对于成熟制程依然有大量的需求。此外，台积电所有的制程都由自己研发，有能力根据客户的需求提供定制化服务，减少调整设计后出现瑕疵的可能性，这是其他许多依靠技术授权的厂商无法办到的。例如，台积电公布的 2018 年 8 月 14 日董事会决议显示，在资本支出新台币 1 364 亿元中，就明确列出“转换成熟制程产能为特殊制程”。这种善用既有固定资产及成熟制程的管理能力，也是维持毛利率不降的重要原因。

创造市场无形价值的差异

虽然三星的规模非常大，又能横跨多种产业，竞争力极强，但通过图 7-10 观察三星与台积电的股价净值比可以发现，三星的股价净值比都在 1 ～ 2 倍之间徘徊，而台积电的股价净值比却接近

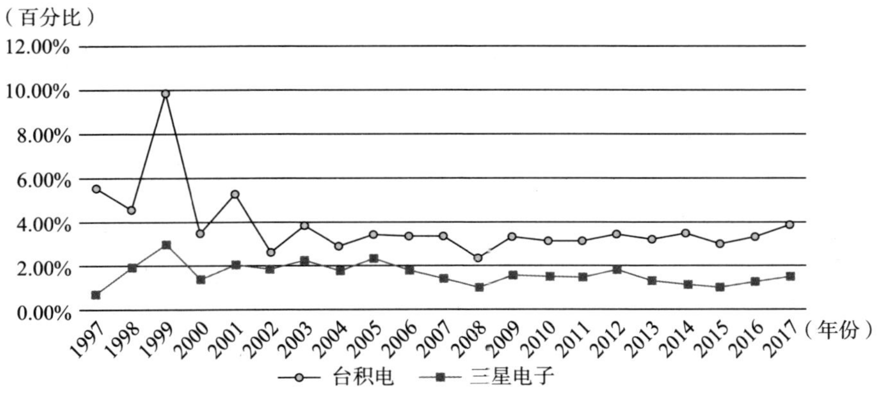

图 7-10　三星与台积电之市场价值与账面价值比较

4。从投资的角度来看，三星所创造的无形价值其实相当不理想。部分原因可能是因为三星土地、厂房、设备的投资金额非常大，固定成本极高，风险较大；如果技术投资方向错误，要转型也相对较困难。上述种种因素，降低了其投资价值（当然公司治理的缺失也是部分原因）。

艾司摩尔 VS 尼康

荷兰的艾司摩尔公司（ASML Holding N.V.）曾是毫无媒体知名度的全球半导体显影设备领导厂商。2012 年，艾司摩尔的“顾客共同投资计划”（Customer Co-Investment Program）让全球三大龙头企业（英特尔、台积电、三星）纷纷巨额投资入股（英特尔投资 51 亿美元，取得 15% 股权；台积电投资 11.14 亿欧元，取得 5% 股权；三星电子投资 7.78 亿欧元，取得 3% 股权），这才让它声名大噪。由图 7-11 可以看出，艾司摩尔由 2012 年起市场价值快速成长，而尼康（Nikon）则毫无起色。

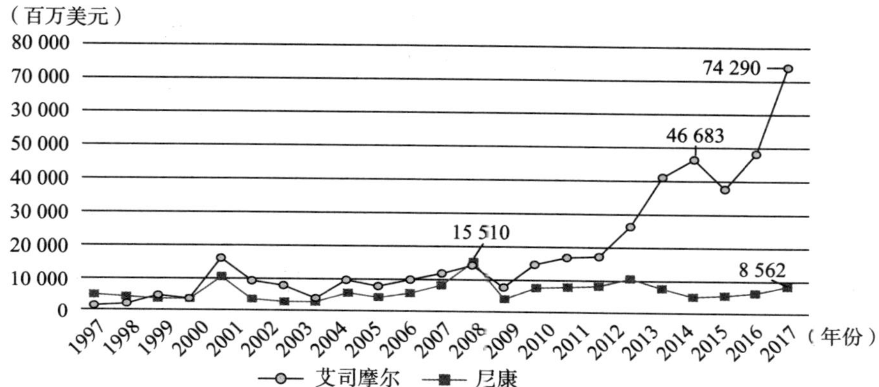

图 7-11　艾司摩尔与尼康之市值比较

在 2000 年前后，艾司摩尔评估 TFT-LCD（薄膜场效应晶体管 LCD）与半导体都是未来极为看好的产业，于是想将资源平均分配给这两个研发项目，但艾司摩尔考虑到半导体制程有愈做愈精微的趋势，未来技术突破的难度愈高，投资也会愈来愈大，分散资源恐怕两头落空，因此最后决定把资源集中在半导体领域。当时，半导体显影设备还有一位强劲的对手，是来自日本的尼康。通过图 7-12 我们可以发现，尼康在 2000 年时营收有近 39 亿美元，而艾司摩尔只有 20 亿美元左右。然而，从 2017 年起，艾司摩尔营收大幅超越尼康，成为半导体设备产业的“上驷”。

艾司摩尔跃升为“上驷”的核心能力，是善用“开放式创新”（Open Innovation）。除了本身拥有的先进技术外，艾司摩尔将产品细分为各种零件，并专注于研发生产自己拿手的部分，其余零件则交由其他更专业的公司生产。例如，艾司摩尔最先进的极紫外光线刻机（EUV）最主要的零件是光学镜头，由德国蔡司公司提供，占其生产成本20%以上。艾司摩尔在半导体曝光设备的自制率只有15%，其余85%则交由其他更专精于该零件的公司生产。比起垂直整合，这种专业分工的方式让艾司摩尔的产品可以快速量产，且能掌握出货日期。艾司摩尔整合全球战略伙伴，以卓越的项目管理能力，让研发能有效率地进行，并结合全球杰出的零组件供货商，共同创造突破性的产品。

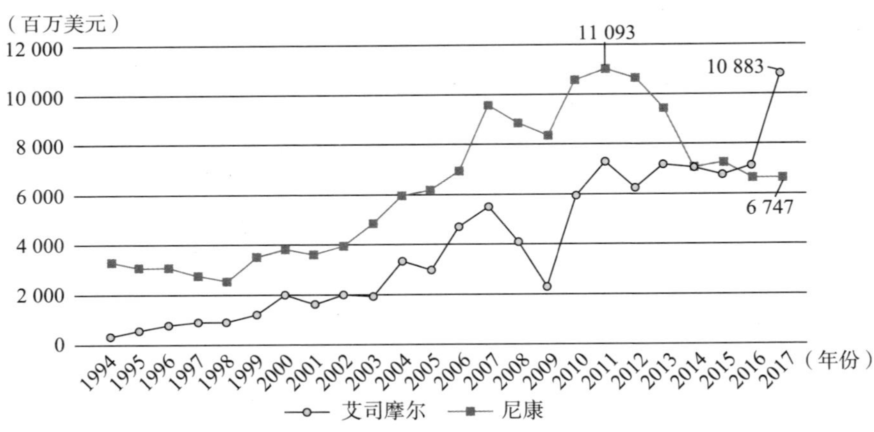

图7-12 艾司摩尔与尼康之营收比较

相对来说，尼康是高度垂直整合的公司，它的半导体设备部门坚持使用光学部门的镜头，这种封闭式创新虽然有整合的便利性，但缺点在于不能结合全球最佳的供货商。2001 年，尼康的半导体曝光机在全球有 41.6% 的市场占有率，艾司摩尔只有 22.4%。到 2016 年，艾司摩尔的全球市场占有率高达 80%，尼康只剩 10%。

这种专注研发，并结合零件供货商的策略，让艾司摩尔的营收和获利都不断成长。2016 年，艾司摩尔的营收首次超越尼康；2017 年，艾司摩尔受惠于顾客要求提前出货与提早确认收益，营收和净利都创下历史新高。

解读毛利率的陷阱

若我们观察艾司摩尔与尼康的毛利率变化（见图 7–13），可以发现，艾司摩尔的毛利率不断上涨，1994 年为 30.72%，到 2017 年已成长至 48.06%。另一方面，尼康的毛利率在近年也逐渐上扬，但这其实是假象。尼康原本大部分的营收来自数码相机等相关产品，但自 2012 年起，尼康的相机等相关产品收入就不断衰退（如图 7–14），这变相使得该部门的营收占比也不断减少，导致高毛利的半导体曝光机营收占比逐渐增加，才使整体的毛利率提升。2012 年，尼康数码相机部门营收占比约 74%，半导体曝光机部门营收占比约 18%；2017 年，已变化为数码相机部门营收占比约 51.2%，半

导体曝光机部门占比约 33.1%。

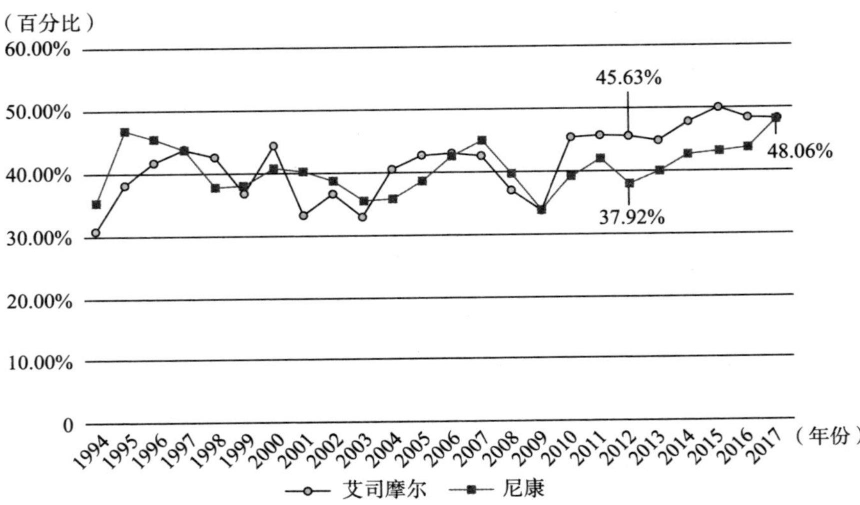

图 7-13　艾司摩尔与尼康之毛利率比较

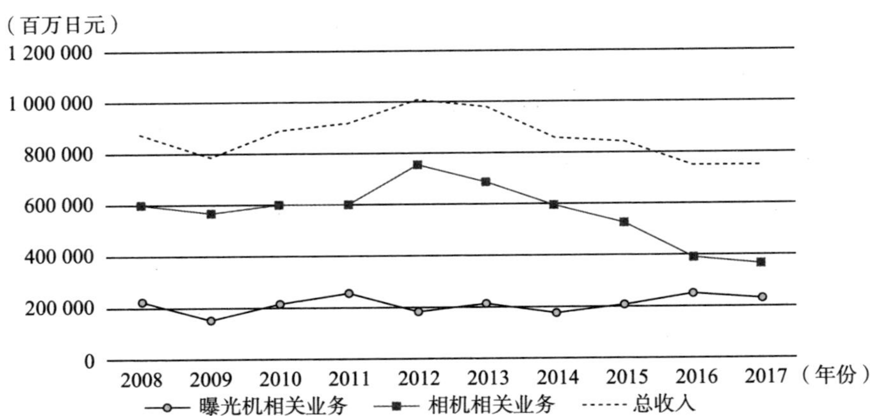

图 7-14　尼康公司各项业务的营收走势

这也让我们发现毛利率的提升，不一定都是好事。对尼康而言，毛利率提升的背后反映出两个重大的坏消息，一是原本低毛利率相机设备业务不断萎缩，才造就了毛利率的上涨。这说明尼康原本倚重的业务正不断衰退，若不能加以改善，则企业未来的前景堪忧；二是在整体营收都衰退的情况下，高毛利率的半导体曝光机业务营收却大致持平，这相对于艾司摩尔的急速成长，尼康的半导体曝光机业务等于是变相衰退，也无法带动整体毛利率更上一层楼。由此可见，当我们在判读财务指标时，不能单就某一指标做分析，还要搭配其他信息，才能做出完整的判断。

2013 年，艾司摩尔前任首席执行官艾瑞克（Eric Meurice）卸下首席执行官职务，转任董事长；新任首席执行官则由原本的财务官彼得·温尼克（Peter Wennink）接任。艾瑞克是技术起家的经理人，曾在英特尔、ITT 半导体、戴尔等公司的管理层任职，最后于 2004 年担任艾司摩尔的首席执行官。而这次，艾司摩尔由财务出身的彼得接任首席执行官，最大的原因便是前面提到艾司摩尔与半导体巨头们的合资计划。凭借这份计划，艾司摩尔除了在重点转型研发期间获得充足的资金，更重要的是确保了未来的市场，获得半导体产业中三大领导厂商的支持；也因为半导体的重要客户都已经确保下来，则变相限制了竞争对手的发展。此种取得资金、降低风险、绑住客户、阻绝对手的战术，是让艾司摩尔站上高峰的重要利器。而促成此重要财务计划的财务官温尼克，自是不可多得的将才。这也让我们看到，专精财务的经理人也可以对企业产生深远的影响。

博通 VS 高通

2018 年，半导体产业最经典的攻防战役案例，莫过于博通（Broadcom）计划并购高通（Qualcomm）。

博通前身为安华高（Avago Technologies Limited），创立于 1961 年，原本只是隶属于惠普的半导体部门，2005 年才从惠普独立出来，成为一家公司。博通首席执行官陈福阳（Hock Tan）于 2006 年担任安华高的首席执行官。他在 10 多年里，通过不断并购，将安华高的市值从 35 亿美元扩展到 1 000 多亿美元。并且在 2015 年，以 370 亿美元收购博通后，将两者合并为博通有限公司（Broadcom Limited），从而成为全球最大的无线网络芯片厂商。

高通则是一家创立于 1985 年的无线通信公司，为全球前五大半导体厂商之一，也是智能手机芯片的领导厂商。

博通与高通，是两家互为竞争对手的半导体公司，它们之间的纷争起源于 2017 年 11 月。当时，高通与苹果因专利侵权互相起诉，在这样看似无止境的诉讼过程下，高通的股价应声下跌。博通就是看准了这股下跌趋势，打算收购竞争对手高通。这无疑是希望通过收购高通来互补博通不足的部分，让博通成为半导体方案最完整的供货商，为博通带来更大的利益。

因此，在 2017 年 11 月，博通提出了以每股 70 美元、总价值高达 1 300 亿美元的价格收购高通。不过，这份提案很快便遭到高通董事会的拒绝。

然而，博通并未因此停止收购计划。2018 年 2 月，博通提出了新的并购提案书，除了收购价格从每股 70 美元提高到每股 82 美元外，更在提案书中详尽完整地分析高通应该被博通收购的理由。而高通也根据内容发表声明回击，两者展开了激烈的攻防战。

通过图 7-15 可以看到，近年来博通与高通的市值走势。

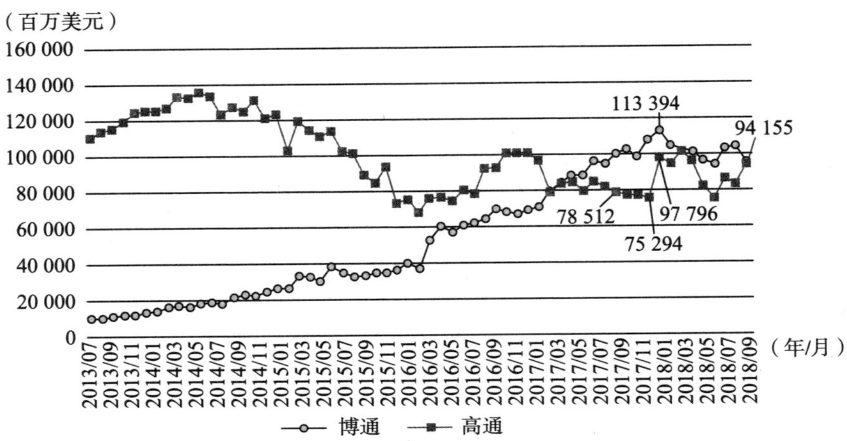

图 7-15　博通与高通近年市值走势比较

博通的主攻——高通无法创造股东价值

在博通的提案书中的攻击重点便是质疑高通能否继续创造股东价值。首先，博通认为高通的股票价格严重表现不佳，因为高通的 5 年平均股价回报率下降了 8%。这样的表现使其在美国标准普尔 500 中排名第 433，属于后 9% 的公司。而博通的 5 年平均股价报酬率上涨 664%，在美国标准普尔 500 中排名第 7，有着前 1% 的表现。

再者，高通并没有将其在 4G 的领导地位转变成股东价值。高通的首席执行官曾在 2010 年 3 月 2 日宣称："我们已经投资了 LTE

（Long Term Evolution，长期演进技术），因此我们相信高通位于产品的领导地位……也因为高通曾经在 LTE 的开发上大量投资，因此造就了高通在 3G 科技的领导者地位。过去在 3G 的成功经验，我们相信高通也会成为 4G 科技的领头羊。”然而，2010—2017 年间，半导体产业的平均股价回报率上涨了 255%；高通在这个时期内的平均股价回报率却只上涨了 19%。同时，2010 年高通的税前净利占总收入的 46%，2017 年只剩下 32%。从这些实际的财务数字可以看出，高通在 4G 上的领先地位并没有转换成股东价值。既然投资在 LTE 的效果如此微落，那他为何还能宣称未来在 5G 的领先地位就能转变为股东价值？

而整篇声明最重要的就是——高通的毛利率持续下降。因为毛利率的高低，反映着竞争力的强弱；在 IC（集成电路）设计产业中，高毛利率是产品差异化下的成果。由于 IC 设计公司彼此的成本都差不多，因此高毛利并非来自较低的成本，而是较高的价格。差异化主要表现在两个方面：一是可以做出别人做不出的产品，二是可以比别人更早将产品上市。对高通而言，其持续下降的毛利率，是竞争力下降的警告。

1999 年后，高通的毛利率曾不断上涨，除了因本身产品的优势而取得较高的售价之外，还有一个原因是高通的专利权收入。由于高通握有大量专利权，以近乎垄断的方式囊括了大部分通信技术的相关产品，而专利权属于高售价且低成本的收入来源，因此高通的毛利率便不断拉升，甚至有长达 8 年的时间都维持在毛利率 70% 以上，相当惊人。

然而，这种依靠专利赚取暴利的方式，开始引起各方不满。除了竞争对手的控诉之外，各国的发展委员会等政府组织也表达了反垄断的立场，并针对公平交易开始对其进行调查。在这些调查下，高通支付了大量罚款，并被迫降低专利的使用价格。这些种种不利因素，都对高通的获利有相当负面的影响，自 2011 年后，高通的毛利率便不断下滑，到 2017 年只剩下 64%（见图 7–16）。

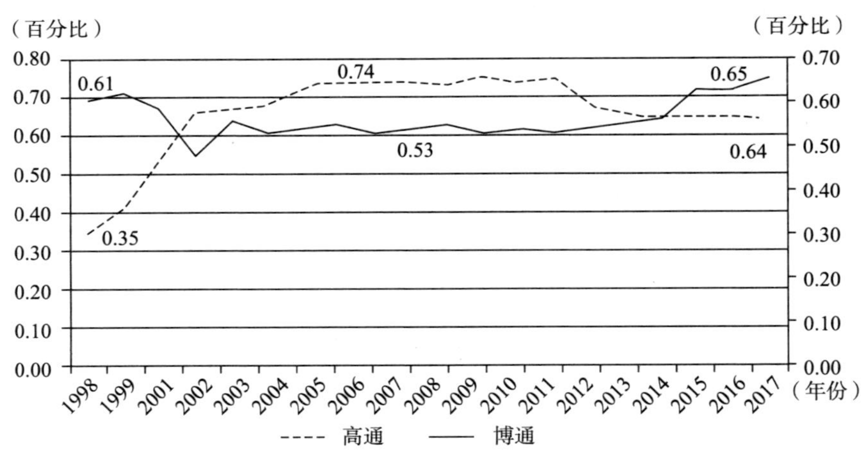

图 7–16　高通与博通之毛利率比较

我们从图 7–17 也可以看到，高通的专利权收入在 2015 年达到高峰，随后便开始萎缩。相应的，总营收的占比也自 2011 年后就开始下滑，2017 年只占整体的 25%。此外，2017 年，高通被美国法院判决，认为高通对私人企业收取过多的专利权费用，除了必须停止向企业主收取如此高额的专利权费用外，还必须替这些公司支付相关的仲裁费用。

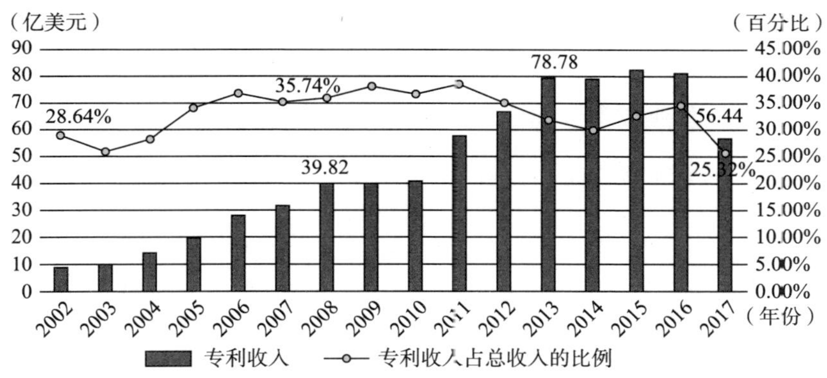

图 7-17　高通专利收入及其占总收入的比例

博通的助攻——高通连续失信

除了对毛利率的强烈攻击之外，博通也对高通的首席执行官对外宣称高通获利成长、成本结构改善等保证，提出一项又一项的质疑。例如：

1. 高通曾保证为股东创造持久价值，但自 2015 年，每股股东报酬不增反减。

2. 高通表示 QCT[①] 部门营收将会增长，但实际上反而下降了 6%。

3. 2015 年，高通首席执行官宣称："高通将采取行动，大幅减少营业成本。而在这些行动下，高通每年可省下大约 11 亿美元的营业成本。"但在 2017 年，其营业费用只减少了 250 万美元。

4. 高通预测 QCT 部门营业毛利在 2015 年至少成长 20%，结果只增加了 2%。

由此可见，企业高层在财报上的任何宣示，都会被检验是否能信守承诺。

---

① 高通的业务经营区分为三大部分：CDMA（Code Division Multiple Access）技术集团（QTC）、技术授权（QTL），以及战略性活动事业（QSI）。QTC 事业部开发及提供相关技术系统软件，QTL 事业部负责 IP 组合授权，QSI 事业部投资各个领域的初期公司。

高通虚晃一招的防守

对于博通的提议，高通董事会提出两点作为响应：一是认为博通提出的价格低估了高通的价值，没有计入其近期并购及 5G 事业上的潜在价值；二是认为博通没有表现出必须完成交易的决心，以及没有考虑交易若失败会带给高通的股东及顾客多大的伤害。这些响应看似对博通的质疑做出反击，其实并没有根据博通的论点做出回应，而是迂回地在并购价格及并购影响上做文章，可谓虚晃一招。

高通真实的主要防御——政治力量

虽然被博通批评得体无完肤，但高通也并非省油的灯。除了表态拒绝博通的收购提案，高通通过拉拢政治力量，阻断了这场恶意并购。

2018 年 1 月 29 日，高通通知美国外资投资委员会（Committee on Foreign Investment in the United States, CFIUS），希望能由美国政府来审核博通对于重选高通董事会委员的提案。同年 3 月 4 日，美国财政部发布了一则紧急通知，根据《美国联邦法规》31 C.F.R. § 800.401(c) 规定，希望能扩大调查关于博通恶意并购高通的层面。

其发布的内文表示：在过去一段时间，CFIUS 不断与博通及高通两方有所联系与沟通，也因此了解博通的确是带有恶意的目的并购高通的。美国政府认为，在博通目前的并购提案下，以及任何其他可能让博通与高通合并的情况下，此并购案可能对美国国家安全产生危害。

CFIUS 表示，高通在无线网络及通信上的领先地位，来自不断地投入研发与创新（研发费用的投入金额为全国第二，仅次于英特尔）。如果博通成功并购高通，在博通目前以如此庞大的融资金额来并购的情况下，博通必定有来自资本市场于短期内必须获利的庞大压力，因此非常有可能过度专注于短期绩效，而忽略了长期的研发投资。长远来看，都将损害高通的长期竞争力。特别是由于美国政府担心中国大力发展 5G 技术，将弱化高通在无线通信技术上的领先地位，将让中国有机会扩展于 5G 标准设置流程的影响力（中国华为占 5G 知识产权 10%）。若博通成功收购高通，将对美国国家安全有巨大之负面影响。因此，CFIUS 认为，维持目前博通与高通各为两家独立公司的状态，才是对美国整体而言最好的状态。因此，财政部 CFIUS 宣布高通董事会延期，并针对此并购案进行审慎调查。

2018 年 3 月 12 日，美国总统特朗普签署行政命令取代 CFIUS 发出的声明决议，以国家安全考虑禁止博通收购高通，以及任何形式的合并或购买，同时要求两家公司必须提交终止交易的书面证明。

※ ※ ※ ※ ※ ※ ※ ※ ※ ※ ※ ※ ※

彼得·德鲁克说过的一句话非常真切：“任何一个人的成就主要靠发挥长处（perform only from strength）。”这其实就是《孙子兵法》中“胜于易胜”的道理。

在本章所列举的案例中，所谓“胜于易胜”的精华，还是要回归到领导者通过苦思，先找到取胜的契机，融合组织文化、策略聚焦、资源集中等众多因素，创造“以镒称铢”的优势，谋定而动不求轻率，所谓“胜兵先胜而后求战，败兵先战而后求胜”。（《孙子兵法·军形篇》）此处的“先胜”，指的是事先的深入分析思考。

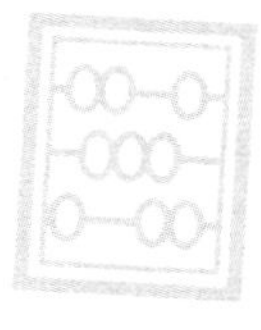

绝地勿留，围地则谋，死地则战

某光电公司总经理　陈子兵

前往高铁的路上，财务官巴伦打电话给我，语气带着担忧："麦克，公司月底户头现金不足3 000万元（新台币，下同），下周员工的薪资有缺口需要处理；另外付完本月薪资，预估后续几个月的现金流也将不足以营运周转。"我心想，这眼前马上要发生的现金缺口该如何处理？但口中仍不自觉地和巴伦说"不用担心，过去半年的挑战我们都找到方法处理了，应该还有办法的，你让我思考一下。"

五年前的错误策略

时间回到一年前，财务官巴伦找我讨论。一进办公室，巴伦就说："麦克，我们目前的财务状况非常危急，以既有营运数字做财务模型预估，公司将在一年内面临无法继续经营的情况。"我请巴伦把数据拿给我参考，巴伦继续说着："财务数据显示过去半年掠夺式价格竞争的情况越来越严重，最糟的情况是，或许公司将在近期开始有营运现金流出。”我看了一下当月的财务资料，手上现金 8 亿元，其中有长期借款 7 亿元、年中 6 月到期要还款，年底则有长期借款 3 亿元到期；短期借款 5 亿元，应付账款 5 亿元，应收账款 8 亿元。以数据来估计，成品存货可能尚可销售约 1 亿元。巴伦说：“如果公司预计付完年中长债与预期短借银行‘抽银根’连锁效应发生，到 6 月将有现金缺口至少 2 亿元产生。”这表示，我得先凑到 2 亿元度过年中；至于年底的另外缺口 3 亿元，还有后续两年到期的总负债约 25 亿元，也接着需要处理。这个情况其实在我脑海里已经想了两年多，每个月我都在计算资金缺口要如何处理。五年前的错误策略，终究让我们一步一步走向这个结局。

我进一步问道：“公司目前最新收款营运现金流情况如何？”巴伦告诉我，目前每个月的立账支出至少约 1.2 亿元，营运现金流持续缩小至每月不足 1 000 万元，甚至在几个月后即将转负。以公司目前的收款情况看，将无法支持产生足够现金于年底还款，说得更直接一些：即使我们能想出办法在年中过关，年底也至少会有 3 亿元的资金缺口。这数字等于宣告公司已被置于死地。这个缺口，以募资而言不可行，因为没有投资者会投资一家需要资金转型来改善营运、募资资金却要立即拿去还款的公司。同时，掠夺式竞争的情况若无法证明可改善，投资者面对大额的负债风险投资，肯定也避之唯恐不及。我心里再度想到，八年前公司上市后因需求大增，连续三年每年翻倍年营收的营运增长，实际上是基于三年间的大举盲目资本投资；尤其最后两年，公司的设备与厂房投资超过65亿元。虽然之后刹车喊停，且全力利用营运现金流和一次增资，偿还了约30亿元的半数债务，但五年前的这一次战略失算，造成的影响却是致命的。

故胜兵先胜而后求战，败兵先战而后求胜。（《孙子兵法·军形篇》）

绝地勿留

凡用兵之法……绝地勿留，围地则谋，死地则战。（《孙子兵法·九变篇》）

回到两年前。

我自己有定期在每一季度看同行的财报数据的习惯。当时发现，在公司既有事业竞争的客户中，已有转移为大量制造、低成本、高资本补助、产业聚落群聚于大陆地区制造的现象。因此，我向董事会提出，公司面临巨大掠夺式价格竞争与债务还款压力，必须逐步快速退出既有事业，缩小规模、降低营运周转资金、冻结传统事业资本投资，全力转向公司核心技术衍生的新技术产品事业获取收益。

董事会的大股东则提出疑问：媒体信息显示经济形势持续上扬，大陆地区同行企业的营收持续倍数增长，为何我们无法利用扩大规模来取得优势？然而，政府在“十二五”规划的光电半导体补助计划完成后，补助并未终止，预期后续五年的传统产品供应仍将过剩。整个产业链已无悬念、全数移转到大陆地区，该战场影响扩散至韩国与欧洲客户，此呈现出兵法上所说的困难之地的现象，确实不可滞留。

最终，董事会同意我的建议，我们在此战场上面临大陆地区的特殊产业补助政策，订单数量大且为规格品的市场竞争优势逐年骤失，因而决议支持转以技术整合服务产品为今后的长期经营方向。

围地则谋

兵法：一曰度，二曰量，三曰数，四曰称，五曰胜。（《孙子兵法·军形篇》）

再把时间拉回到一年前。面对财务官提醒的资金挑战，我拿笔写下："年中资金解决7亿元，短借可能快速抽银根6亿元，立即有2亿元缺口发生。"我得先想办法，看看是否能通过资产出售、海外资金回收、存货出清来解决问题。我与财务官计算了一下，如实时处理成功，应可度过年中6月这一关；但年底的3亿元，除非私募增资（资本市场对连续亏损企业的公开募资有限制），应该是过不了关了。巴伦问我，是否考虑与董事会讨论最坏的情况？因为大陆地区的产业补助的竞争实在太强大了，如果无法取得私募增资支持，或许要准备停止营运或筹备资遣费了。

这一步绝对不是我的规划。此时，我内心静下来想着："这一步棋得如何进行?”

盘点一下过去两年，我们在策略上的布局：在产品市场面上，新技术、新产品经过两年的发展，确实呈现小火苗般的营收增长；市场上也陆续有应用此迥异于传统事业的工艺技术产品；相关专利布局完整，技术团队也维持完整。这样持续发展下去，公司将由既有的技术型产业向复杂的整合制造服务产业转型。这不但可与既有的产业链供应技术有所差异，同时应可避开政府补助的大量供应链转移到大陆地区的竞争模式。在资金面上，新技术、新产品的投资是公司核心技术的延伸发展，可利用公司过往设备改装或小幅度投资，不需要太多新增资金，公司的既有人才评估也可往技术整合方向发展；这样的模式，让新进入者需要有一定的资本才能投入，既有竞争者也不适应这种少量多样的模式。可是，我要如何取得资金来支持团队持续这个转型发展呢？以目前的政策环境和行业发展态势来看，公司传统事业的营运将不可避免地面临资金流出扩大的趋势。这样下去，没有持续的营运现金流入，也无法支持公司转型。

我在办公室的白板上画下四个象限（见图 8-1），确认在第二、三、四象限的比例，与可能的营运现金流入情况、相关的技术延伸与产品，以及客户，同时确认在第一象限缩减之下，公司的规模缩小是否有助于现金流入发展。如果我可以利用其他三个象限的发展，获得现金流入支持新事业的增长，或许可以说服银行支持几年。最后，我写下决定："海外可出售资产全数加速求售；年中的所有到期借款还款，并与银行取得还息不还本的协议；同时依靠自身的新营运架构产生营运现金流来转型度过这次'死地'。"

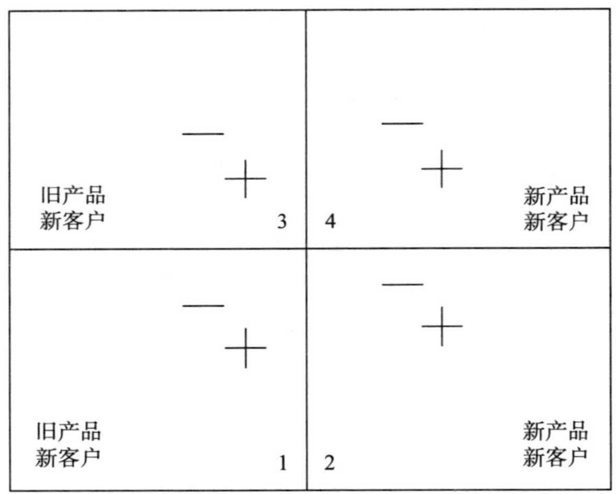

图 8-1　策略移动力（地）竞争地图——移动能量

死地则战

昔之善战者，先为不可胜，以待敌之可胜。(《孙子兵法·军形篇》)

消息一宣布，公司当月资金也从年初的6亿元，掉到仅剩不足5 000万元。非财务的主管及员工们听到公司资金与银行协议的消息，莫不负面思考，担心公司营运出了问题。前一天，我已请秘书约好会议，向主管与员工说明公司未来一年的发展计划和现金计划——必须让同仁对公司的营运安心，同时了解公司的转型愿景和进度。此外，供货商与客户也必定会有疑虑，故也预先对其做了解释说明。

然而，商场确实如战场，变化动态而快速，预期之外的事会陆续发生。市场上认为我们在此财务情况下，面对掠夺式定价竞争，一定无法持续经营；两家长期合作客户也突然以产品质量为刁难理由，当下扣款，瞬间应收现金便少了4 000万元。这下子，周转金不足，公司立刻如临深渊。

采购主管忧心地告诉我，几家大供货商担心货款，要求公司付现金才能供货，不然要断料供应；业务主管则反映，数家大客户被竞争对手放风声，说我们无法持续经营，因风险考虑只好更改供货商，导致我们在一些有优势的销售市场面临被断料的风险。如此，不仅公司营运资金被瞬间卡死，连产生营运现金的机会都要被埋葬了。知道营运资金情况的财务人员更显沮丧，眼前营运困难重重。

此时，我决定立刻亲自拜访几位客户，说明公司发展前景无虞，并提出可信任的营运方案，请求客户给付货款支持；同时，与几家供货商讨论账款延长，给公司半年过渡期，以取得短暂喘息周转的时间。回到公司内部，人才的稳定是公司能否不败而寻求转机的必要条件，我在办公室的白板上写下：给员工安全感，给主管愿景和方向。

在动荡期间，自然能感受到主管和员工们的忧虑。我不断主动利用各种会议，说明公司的应对计划、允诺员工每月生活无虞、公司有方案来支持营运资金，此时更需要大家和公司一起，针对新的挑战进行组织上的应变调整。其间，一旦有任何营运上的风险变化，我会主动提早说明，不会自己“跳船”，请大家一起团结面对。

当财务官来电说明资金不足以给付薪资时，我则在心里盘算着立即可筹资金的方案。之前全力出清海外资产救急，已全部处理完毕，仅剩的高资本投资厂房在海外并不容易立刻找到可出售对象，这肯定不能作为资金来源的考虑方案。那么，既然已经确认无法与大陆地区的产业补助政策竞争，何不将上游产能再进一步砍掉一半，将摊提结束的几台量产设备割肉出售，先取得3,000万元资金来支持营运短期周转？另一方面，则与主管提议，公司要关闭一半曾经是公司最有竞争力的营运部门与厂房，以删除不必要的固定成本。此时，我心中的营运主轴就是要求自己忘掉沉没成本，重新来过，集中资源发展已经耕耘了两三年的新客户价值主张。

在这段时间里，我也不断地与公司主管们以会议沟通“策略移动能量”的想法，聚焦的主轴就是“先为不可胜”，严格执行四个象限的产品销售策略，确保营运现金流入为正。第二、第三象限呈稳定持平，为公司的现金流入维持好基本盘；公司发展的第四象限业务逐季增长，年增长呈现倍数成果；至于第一象限，则是控制其大幅度减少，以降低现金流出。虽然营收降低，但随着规模与营运四象限组合，公司逐渐脱离死地，现金逐月积累，开始有了正向动能。从死地暂时脱离，来自全体员工上下一致透明的沟通与愿景的规划和实践，让团队看到提出的新发展愿景于每一季度中都有进步，主管们对公司转型的愿景就会更有信心。但我心里了解，公司经营转折的挑战尚未结束，如何把战场转移到“敌不可攻之处”还需努力；此外，待敌之可胜的产业竞争环境大势何时会再度转变？我需进一步仔细思考影响产业竞争大势的问题。

善战者，先为不可胜

> 求之于势，不责于人，故能择人而任势。任势者，其战人也，如转木石。（《孙子兵法·兵势篇》）

观察公司的营运转折，其实是让自己更了解商场竞争的“奇正”情势之变。企业领导者需谨慎处理所剩资源，选择可持续经营的战场，而非逞匹夫之勇或灰心丧志，要敢于在既有战场厮杀。了解到中国大陆地区在全世界制造出口方面的战略定位，在大趋势未变的情势下，需避开政府补助的重雷区，争取时间等待情势转变。此时，保留持续发展的资源并寻求可用之“势”为重。

故用兵之法，无恃其不来，恃吾有以待也；无恃其不攻，恃吾有所不可攻也。(《孙子兵法 · 九变篇》)

在情势未变之下，应思考可发展的客户市场，专注于建立非立即可被取代的客户价值营运模式，此为找到兵法上所谓“吾有所不可攻也”。重新以兵法来俯瞰全局，所谓“道、天、地、将、法”：道者，在客户需求面，产业位于持续需求增长的态势；天者，整体的竞争势落于拥有超发货币、可支持大量产业转移复制的优势方。在竞争过程中，面临“补助”与“研发团队挖角”等状况，市场被新的制造供应链满足，实为可预测之事。面对这样的竞争之势，“先战而思求胜”所失去的资金与人才，都是社会资源的浪费。企业需重新思考未能被取代的可能发展位置，而非执着于“死地”，且鞭策团队拼命牺牲资源。反之，领导者拟好战略，主动创造新的优势，领导团队往新的趋势发展，找到新的客户被满足之处——此为“不可胜”之法。

兵者，国之大事，死生之地，存亡之道，不可不察也。多算胜，少算不胜，而况无算乎！(《孙子兵法 · 始计篇》)

本文撰写完稿期间，刚好中美贸易出现摩擦，公司的销售产业链也面临重大变化。这次的产业变化，将不亚于2010年中国大陆地区的“进口替代”补助策略的冲击，对公司短期现金周转与中长期策略发展定位将产生重大影响。

走过这一轮创业成长的“死地”之役后，我已理解商战如兵战，转折胜负如一方取得绝对优势，将迅速转变，此为天势。因此，面临全球的最新贸易变化，怎能不如《孙子兵法·始计篇》中所言：“夫未战而庙算胜者，得算多也；未战而庙算不胜者，得算少也。多算胜，少算不胜，而况无算乎！”眼下新事业的发展除了既有的发展挑战，也同步面临全球贸易供应链重置因素影响，虽暂置于死地，但产业大势的新变化或可为己所用，让己“多算”拟定战略，择人任势面对接下来的每一步企业战略发展。

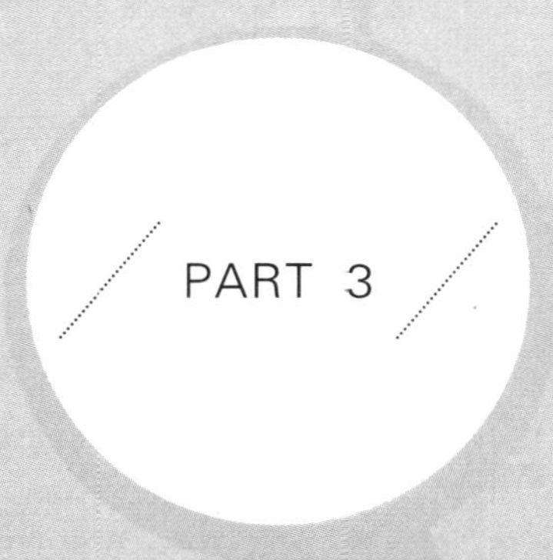

人才传承篇

// 第九章　淬炼“智、信、仁、勇、严”——台积电的将才培育 | 台积电首席财务官　何丽梅

曾国藩总结中国历史的成败经验时说道："办大事者，以多选替手为第一义。"这个道理，放之于现代企业经营亦然。

2005年，《财富》（*Fortune*）杂志出版了75周年纪念特刊，选出美国商业历史上最重要的20个决策。其中之一，是1981年GE（通用电气）首席执行官雷吉·琼斯（Reg Jones）排除其他董事的反对意见，选中原本不在考虑名单内的杰克·韦尔奇（Jack Welch）成为GE下一代接班人的决策。韦尔奇后来以卓越的经营绩效，被公认为20世纪最杰出的职业经理人之一。琼斯说："当你开始找寻接班人时，第一要务是不要找和你同一个样子的人。此外，你要找一个适合未来竞争环境而不是现在环境的人。"琼斯与韦尔奇的确非常不同。琼斯在GE由内部审计员逐步升任到财务官，个性冷静、温和，一派绅士风度。而韦尔奇则是工程背景出身，个性热情、犀利，与GE当时温暾的企业文化格格不入。

琼斯的慧眼是从哪里来的？琼斯曾任伯利恒钢铁公司（Bethlehem Steel）的董事，他当时已经看到美国大型的钢铁公司因为技术、设备过时，组织反应迟钝，在日本、韩国的竞争下节节败退。GE当时虽然仍旧赚钱，但琼斯知道必须挑选一个能够领导 GE 进行大规模变革的新首席执行官。

《孙子兵法》认为大将的五大核心能力是“智、信、仁、勇、严”，不管是由企业内部培养，或者向企业外部求才，具备“智、信、仁、勇、严”特质的人才愈多，企业传承成功的机会就愈大。本书《人才传承篇》特别收录专文，讨论台积电张忠谋董事长如何淬炼高层主管这五大核心能力。

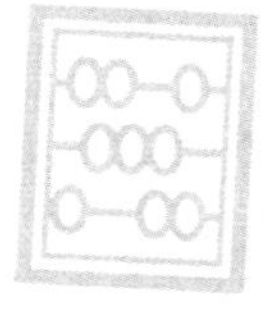

淬炼“智、信、仁、勇、严”

——台积电的将才培育

台积电首席财务官　何丽梅

2018 年 6 月 14 日，我应台积电美西办公室之邀，在他们的年度训练课程中演讲。美西是公司最重要的业务单位，其业绩占公司营收的 2/3，因此我决定好好准备这场演讲。刚好在 10 天前，也就是 6 月 5 日那天，公司创办人张忠谋博士正式退休，因此，我决定以创办人张董事长在退休前对高层主管的演讲《台积电为何成功》作为演讲的开始。

> 公司的“问责”，展现于重视公司治理。公司治理的目的，是在维护各个利害关系人（stakeholders）的利益平衡。（《财报就像一本故事书》第十四章）

台积电最重要的三个利害关系人为：股东、员工、社会。在平衡三个利害关系人之间的利益时，“人”是一个非常重要的因素。台积电的成功，有很多因素，比如创新商业模式、企业文化、价值观和策略。但要长期成功，最重要的因素就是“人”。因此，在创办人的这篇演讲中，特别谈到他对于选才、留才和升迁的理念。

选才要注重人格特质和技能

张董事长强调，选才要注重人格特质和技能。

人格特质包含诚信正直、敬业精神，以及与人一起工作的能力。技能则包括专业知识、工作经验，以及对上、平行及对下等三个层级的沟通能力。张董事长提醒主管，不要太重视学历和经验，而忽略了人格特质和沟通能力。关于人才，看的不是他的学历也不是他的资历，而是他做事的态度和精神。

关于升迁，最需要考虑则是人的潜力，而不是只依据他过去的工作绩效和努力。

评估一个管理者，要看他怎么管理他的人、他的组织，还要看他的企图心、积极度和创意。几年前，台积电在高层主管的升迁条件中，还加上了“器识”这一项考虑。“器识”是顾全大局的一种思维，在于是否把公司利益放在个人利益或单位利益之上。其实，也就是具备“问责”的担当与否。

谈到选才，就想起我自己的经验。

1999 年，我加入台积电，在加入前和张董事长面谈了三次，最后一次是 1999 年 3 月，那时我已经决定要加入台积电了，因此他请我和我先生在烟波饭店吃晚餐。席间，张董事长谈到台积电找人是找“志同道合”的人，并说明什么是“志”、什么是“道”。“志”和“道”，就是公司的愿景、使命和价值观；“志同道合”的人，就是认同公司的愿景、使命和价值观的人。事后想来，表面上看似一次轻松的晚餐，其实也是面谈的一部分。

我很欣赏台积电用人唯才的企业文化，在台积电十大经营理念里的第一条“诚信正直”中，就谈到了用人是依据公正客观的标准选才，而不是靠关系。这一点在台积电执行得非常彻底，许多年轻人想进入台积电工作，有时也会通过长辈或某些认识的主管进行推荐，我也偶尔会收到这类的请求；但履历表送进人力资源单位之后，用人单位完全依照工作需要和公司选才的标准来决定是否录用，从来不会因为是谁推荐的而有不同的待遇。这个做法非常透明且行之有年，所以不会给用人单位、人力资源单位及推荐的主管造成任何压力。

台积电如何训练经理人

谈到培育主管，一定要提到公司的"导师制度"（mentoring program）。公司在十几年前外聘专业顾问后建立了这项制度，针对有潜力的主管，人力资源单位会协助安排副总级的主管担任导师，为期一年。许多高层主管都曾担任过导师，通过导师制度协助公司内部优秀的人才成为更好的管理者。我自己在过去十几年中，就担任过二十几位主管的导师，教学相长，彼此都有收获。

张董事长非常注重人才的发展及培育，对于有潜力的高层主管，他甚至亲自担任导师，每月一次一对一的午餐会面，亲自培育，至今已超过数十人。被他带过的主管，都非常珍惜大师亲自教导的机会，听他分享其毕生宝贵经验传承，如沐春风，无不深感荣幸！

除了一对一的导师制度，董事长偶尔也会开课教授重要的管理课程。几个月前我在整理资料时，无意中发现张董事长 1998 年在台湾交通大学 EMBA 班曾经教过一年管理课程的完整讲义。我如获至宝，立即分享给所有高层主管。讲义内容包括企业愿景、领导与决策、沟通、激励、绩效评估、策略规划及世界级企业等。原来10多年来常听张董谈到的管理理念，于他而言，二十几年前就已炉火纯青。

张董常利用他主持的几个定期会议培训经理人。首先，每个月初第一个星期三的中午，他会召集所有副总开午餐会议。在两小时的会议中，他大概会花一小时谈他要传达的讯息，其中包括公司当前最重要的事，有时他也会谈管理议题，例如，学习金字塔、学习曲线、创新及策略思考等。此外，每季他会召开两场主管沟通会议，由各单位副处长级以上的主管参加，每一场约有200人。张董会由较轻松的话题开始，比如最近看了什么电影、读了什么书……然后切入主题，说明他认为公司短、中、长期的挑战及应对方向，分享他对全球时势、政治、经济议题的看法，并回答大家的提问。他的分享，提升了大家的视野。

每次和他开会时，负责报告的人通常都会很紧张。因为张董十分威严，他专注聆听，问题一针见血，若有人准备不足或没有抓到重点，他的批评会很直接。但对于态度诚恳、虚心学习的人，他会很有耐心地教导。

学习张董最有效的方式，是直接观察他的行为：面临重大决定时考虑的因素为何，如何通过问问题澄清思想，如何把讯息变成知识，形成洞见、做出判断的思辨过程。他在整个过程中都非常仔细，反复思考，务求考虑周详，一旦做了决定就果敢地执行。

同时，对学习者来说，张董认为听比说更重要。听的时候要专注，边听边想，不要只顾着抄笔记。他擅长用说故事或举例子的方式让人了解其深意。如果真的听懂了，会反映在思想行为和习惯的改变上，否则就是没有听进去。常常我们觉得听懂了，他却觉得我们没懂。我想，这可能是因为他没看到我们思想行为和习惯的改变。

如何训练全方位经理人

许多产品公司通过 BU（Business Unit，业务单元）的组织架构培养全方位的总经理，BU 的管理就像一家完整的公司，BU 的负责人相当于一家公司的总经理，负 BU 的损益责任。每个 BU 下有独立的业务、营销、研发、生产、财务、人事等功能性的主管。公司培养人才的方法，是从表现优秀的功能性主管中，选出 BU 的总经理；再由表现优异的 BU 总经理中，产生公司的首席执行官。我在

一些重要的供货商或客户中，常常观察到这种现象，由财务官成为首席执行官的例子也有好几个。

但是，由BU培养全方位经理人的方法，在台积电恐怕很难执行，因为我们独特的商业模式并不适合把公司拆解成好几个BU。因此，台积电的管理架构是功能性的组织，所有副总几乎都是功能性组织的最高主管。例如，研发副总、生产副总、业务副总、财务官、信息官、人资官、法务官等。

在这种状况下，要培养全方位的领导人必须经过适当设计。工作轮调是很有效的方法，过去也一直在做，但因专业的限制，大幅度跨领域的轮调，例如把财务官调去管研发，有其困难。因此，公司内部有许多跨组织的委员会，通过定期的会议来沟通、讨论、做决策。例如，资本支出委员会决定产能的规划及资本支出的核准，技术委员会协调技术的发展及进程，还有新设备委员会、升迁评议委员会、风险管理委员会等。

这些重大决策的委员会，通常由董事长、首席执行官或副总担任主席，成员包括相关业务的高层主管及顾问。举例说明，资本支出委员会由董事长亲自主持，成员包含首席执行官、财务官、企划部门、市场预测、业务开发、营运或研发部门的主管。资本支出的决策，要考虑市场状况、客户需求、产能规划、竞争态势、投资金额及回报率等。在会议中，相关单位都要详细说明，这个机制让不同单位对一个决策的各个方面能有完整的了解。业务单位要考虑每笔生意的投资回报率、生产单位执行的困难度，财务单位也要了解客户的需求及策略，而董事长听取各部门的报告，再经过讨论，综观全局做出最好的决定。

我认为，这是一个非常好的机制，可以训练主管学习、了解跨领域的知识，使高层主管具备董事长及首席执行官的视野及能力。这个制度的优点是集思广益，但可能的缺点就是意见太多无法整合。因此，委员会主席的“问责”，就是要在诸多考虑中做出正确的决定。

训练经理人的“智、信、仁、勇、严”

接下来，我想从《孙子兵法》的角度，更进一步谈谈台积电是如何训练经理人的。孙子强调，“将才”要有五个特质——“智、信、仁、勇、严”，亦即“智谋兼备，信守承诺，仁爱部下，勇敢果断，治军严明”。我想以几个小故事，来说明张董事长如何训练经理人具备这五项特质。

智

1987 年，张忠谋博士应邀请创立一家半导体公司。当时中国台湾地区的半导体技术落后世界半导体水平甚多，研发设计及市场能力均不足，要创立一家什么样的半导体公司才有可能成功呢？他发现台湾地区有一个可能优势，就是生产制造的良率（yield）还不错。经过思考之后，他决定创立一家以生产制造为主的半导体公司，即“专业晶圆代工”。当时知名的半导体公司都是自行设计产品、生产制造及销售的，称为“整合组件制造公司”，亦即 IDM（integrated design manufacture）。“专业晶圆代工”的商业模式，是只做“制造”这一部分，而不从事产品设计。这个创新的商业模式，改变了半导体产业的专业分工。有了专业晶圆代工公司的出现，半导体设计公司可以专注在产品设计研发上，不用担心庞大的资本支出，让大家都可以在自己最擅长的领域尽情创新，也带动了过去 30 年半导体产业的蓬勃发展。半导体设计公司也成为台积电最重要的客户，后来整合组件公司也逐渐将先进制程产品交由台积电代工，以增加其竞争力。因客户的成功，台积电也成为一家举足轻重的半导体公司。

由于晶圆制造是半导体产业链中最为资本密集的一环，技术密集程度也相当于设计，因此投资回报率的观念非常重要。我们需要足够的营业利润率及资产报酬率来支持庞大的研发费用和建设产能所需的资本支出。张董事长强调，在进行投资决策时，投资资本回报率（return on invested capital，简称 ROIC）是非常重要的财务指标，如何让昂贵的资产充分被利用、产能规划适时适量、产能利用率保持高的水平，如何延长设备的使用年限，是公司持续获利的关键。

台积电最重要的价值观是：以诚信正直赢取客户、伙伴及供货商的信任，以及不与客户竞争。

台积电最重要的三个策略是：

技术领先（technology leadership）；

卓越制造（manufacturing excellence）；

客户信任（customer trust）。

有了创新的商业模式、价值观和策略后，还要拥有强大的执行力。张董事长集数十年半导体的经验智慧，领导台积电在短短 30 年间成为一家世界级的公司，这个伟大的成果恐怕连他自己也始料未及。

信

张董事长不断教导我们，要实践对利害关系人的承诺。

诚信正直是台积电最重要的价值观，台积电的三个最重要的利害关系人为：股东、员工、社会。

对股东的承诺，是通过股票增值及现金股利，创造令股东满意的投资回报率来实现的。股票长期的增值，绝对是来自公司良好的基本面，持续的获利成长是基本面的最重要表现。台积电非常重视股东的意见：股东要求股东会议案必须表决，台积电率先采用逐案说明、并案表决的表决方式；股东重视现金股利的稳定持续性，台积电信守“持续且逐渐增加”（sustainable and gradually increase）的现金股利政策。这些都让股东非常满意。

对客户，我们不轻易承诺，一旦承诺，必赴汤蹈火、全力以赴。不和客户竞争，保护客户的智慧财产，是建立客户信任最重要的基石。答应客户的事，即使短期吃亏也会信守承诺，不轻易更改。

对员工的承诺，主要在于为其提供学习成长的工作环境及优渥的薪酬。张董事长多年来坚持推动每周工时不低于 40 小时，也不超过 50 小时的工时标准，这种兼顾员工工作与生活平衡的制度已获得良好的成效。同时，提供优良的工作环境及优于同行业的薪酬，这方面通过台积电员工离职率没超过 5% 可以得到证明。

对社会的承诺，是善尽企业公民责任，爱护环境、关怀弱势，以成为“提升社会向上的力量”作为典范。“遵守法律，不做坏事”是最基本的要求。台积电致力于绿色工厂、绿色建筑的推广，对于节能减排、循环经济及供应链管理的推动不遗余力。在公益慈善方面，通过文教基金会及慈善基金会，结合超过万人的志愿者群体，参与关怀社会弱势教育及生活的各项活动。台积电独创的公益商业模式，以利用公司的专业知识亲身投入灾害重建的方式取代直接捐款的做法，在重大灾难事件中，亲力亲为、直接有效地协助受灾户恢复正常生活，赢得了社会大众的肯定和信任。

仁

张董事长非常关心员工，尤其是基层员工。记得2009年董事长返任后，发现公司有两千多名派遣人力（也就是所谓业务外包的员工），由劳务派遣公司雇佣在台积电工作。他们的待遇低，不能参加员工分红，向心力低、流动率高，形同公司内的次等公民。张董事长知道后非常生气，坚持只要是台积电员工，不论是清洁工还是在工厂做最基层工作的人，都应一视同仁，因此下令所有派遣员工必须转为正职，并且派我去负责这项计划。

派遣人力在当年很普遍，许多公司都用这种机制调节人力。开始进行改革时阻力很大，因为工厂主管担心这批员工素质不佳，又怕失去用人的弹性。因此，我前后总共花了八个月时间，经过细致的规划、沟通、执行，终于把2,400名派遣人力经正常的聘用程序转为正式职工。对于没被录用的人，我们也提供奖金，请人力派遣公司务必替他们找到工作。在这个过程中，董事长没有任何一次问我做这件事要增加多少成本。因为在他心中，凡是违反基本原则和价值观的事情，不计成本也一定要把它导正，绝不妥协。

2018年5月，在董事长惜别会上，有好几位同仁是当年的派遣人力，他们特意当面表达了对董事长的感念，因为当年的这个决定，改变了他们的命运！

勇

张董强调，“风险承担”（risk-taking）与“做困难的决定”（make hard decisions）是高层主管的必要之事。例如，充满不确定性之下的重大投资案。

2009年6月，张董事长再度回任首席执行官，之后几年他做了几个重大的改变。首先，他订立了未来五年的财务目标：2010—2015年，营收获利成长大于10%，股东权益回报率大于或等于20%。在这个目标下，他大幅提高研发投资及资本支出，自2010—2015年，研发费用增长超过两倍，由9.4亿美元增长到20亿美元；

研发人数也增长了1.8倍，由2 800人增长到超过5 000人。

资本支出在2010年之前的五年中，几乎每年都在20亿美元左右。但自2010年起，资本支出年年创新高，一路成长到接近100亿美元，这个大胆的决定也带来了丰硕的成果。公司的营收增长由2010年的4 195亿元（新台币，下同）成长到2015年的8 434亿元，税后纯收益也由1 616亿元增长到3 065亿元，股东权益回报率每年都超过20%，顺利地达成五年计划的财务目标。股票市值也由2010年的1.8兆增加为2015年的3.8兆。至此，台积电晋升为全世界前三大的半导体公司。

回想当年，这个大幅投资的勇敢决定并不是那么容易做的。当时市场上许多人都认为摩尔定律已趋缓，半导体未来成长将放慢，台积电市场占有率已经很高，成长空间有限；甚至连公司的董事会也对大幅增加资本支出提出质疑。张董事长据理力争，向董事会仔细说明他的策略及计划：他认为，科技发展到目前为止，尚无任何东西可以取代硅芯片的使用。科技发展的目的是改善人类生活，半导体的需求一定存在，只要在既有基础上深耕，一定可以继续成长及获利。这个观点得到了董事会的信任及支持。刚好，2010—2015年这五年遇上移动设备的兴起，带动了半导体的强劲需求，台积电领先的先进及特殊制程技术，拥有全世界最大的产能，公司在这一波市场行情中，成为移动设备芯片最重要的生产基地。智能手机的

普及，大幅改变了人类的生活方式，台积电对世界科技产业的重要性也大幅提升。张董事长的果敢远见，证明了只要目标清楚、策略正确、执行落实，就可以再创奇迹。

严

张董事长治军严明，人人皆知。他的记忆力十分惊人，他经常提及几十年前的事情，不管是德州仪器（TI）时代还是早期台积电的故事，对于时间、地点、场景、人物及当时对话的内容，他都记得清清楚楚。

另外，董事长观察一个人，有种非常独特深入的直观。他在问你问题的时候，同时也在观察你这个人。他专注聆听，也同时思考你为什么会这样回答，以了解你的逻辑和价值观。他问问题或陈述一个事件时，用字非常精准，同时也希望你的回答是确实而精准的，你绝对不可能在他面前装懂、蒙混或顾左右而言他。他对部属的要求很高，批评一向都很直率。这样被训练久了，我们渐渐对自己也更了解了、更坚强了。

张董很注重会议的效率，开会一定要守时，目的要很清楚，参与的人都要有贡献，会议中决定的事情，要有很清楚的记录及跟进。

许多人都知道，台积电的副总每周都要写周报给张董事长。周报最好不要超过一页，内容包含和工作有关的重要事项，以及你想告诉他的事情。他每周末都要花两个小时读二十几份报告，如果有几位副总提到共同的事情但中间有矛盾或模糊的地方，技术主管用了太多看不懂的艰涩术语或提出公司营运上的重要问题，他一定会在周一早上的经营管理会议中提出讨论，务求全盘了解，并且最后一定要有人负责解决。坦白说，许多副总对于每星期都要交周报，都感到小有压力。张董事长自律甚严，工作、阅读、生活起居、运动休闲，一切按部就班、井然有序。做重大决策时如泰山，收集信息、反复思考判断，务求每个决定都尽量想得深、想得远。这样的态度，也塑造了台积人做事严谨、实事求是的企业文化。

我最近读了一篇文章，说一个意志力很强的人，一定是有纪律又有良好习惯的人，这一点在张董事长身上得到了充分印证。

延续台积电奇迹

2018 年 7 月 10 日是个特别的日子。这一天，台积电总部大楼更名为“张忠谋大楼”，并邀请张董事长回来举行揭牌仪式。当天九点半，张董事长在接班人刘德音董事长和魏哲家总裁的陪同下，走到八楼他曾经工作过的地方，怀念之情溢于言表；迎面而来的，是过去在董事长身边工作的主管和秘书们。他亲切地与大家握手问候，虽然才退休一个月，却好像见到阔别已久的家人一样，场面温馨感人！走到楼下大厅，数十位主管及媒体朋友已在现场等候，在热烈的掌声中，张董事长频频向大家挥手致意。

张董事长在致辞时指出，对营运总部用自己的名字命名，他心里充满了感激，其意义比领到退休金还要大很多。31 年来，台积电的成功有很多原因，其中之一是所有同仁、主管群策群力；另一个则是台积电的价值观，其中包含诚信正直、承诺创新与客户信任，过去是这些价值观让台积电能走到今天，未来也要继续坚持。

他也强调，台积电的使命，是做全球逻辑IC产业产能与技术的提供者。数十年来，这样的使命没有改变，现在也没有看到要改变的理由。并且，台积电的竞争力在过去几十年已经变强很多，以后还要变得更强，要让优势技术持续领先，还要提供优异的生产效率增加客户信任。他也认为，台积电努力的成果，在信息业界与文明世界里，都做到了举足轻重的地位；假如世界上没有台积电，全球数十亿人口就感受不到今天的便利。但他也强调，这些成果对台积电同仁而言，是鼓励，也是警惕。鼓励是因为台积电能走到现在不容易，同仁们应该有很大的成就感；警惕则是这样的地位很容易失去，因为现在的竞争者很多也很强，且不只是传统的竞争者，还有国际外交政治等产生的复杂环境。

他认为，自己现在是台积电的旁观者，对台积电所处的外在环境，包括商业竞争、政府倾力推动的产业发展政策，甚至更大的国际贸易战争，这些无法预测的情况与复杂度，一方面令他很兴奋，一方面又让他为台积电捏一把冷汗。但他也强调，对台积电的同仁还是很有信心的，过去从来没有失望过，未来也不会有。

刘德音董事长在致辞时表示，今天“张忠谋大楼”的揭牌，就是为了让这一代台积电人，以及未来更多代的台积电人，都能记住创办人传承下来的一切，并加以发扬光大。“我们一定会继续努力，让台积电的奇迹一直延续下去”。

忘己利他，照千一隅

《财报就像一本兵法书》终于写作完成。首先，我要感谢台积电首席财务官何丽梅，她在写完《财报就像一本故事书》的第十四章后，再度拔刀相助，撰写本书第九章，分享张忠谋先生如何从“智、信、仁、勇、严”五个层面，淬炼台积电高层主管的商业智谋。此文完成后，承蒙张忠谋先生亲自审阅微调，深感荣幸。感谢陈子兵（笔名）先生分享他面对“绝地、围地、死地”的惨烈经验，这些在困顿中的反省，最是斑斑血泪，也是深刻难得的经营智慧。我同时感谢协助本书写作及编辑的诸多人士：我的研究助理许文龙及刘乃荥；时报出版董事长赵政岷及主编陈盈华。在企业经营管理学习之路上，我感谢不断指导启发我的前辈们，他们分别是施振荣、郑崇华、林信义、周俊吉、张孝威五位董事长。在中华文化的引导和启发上，我要感谢辛意云教授与爱新觉罗·毓鋆老师（一般尊称为毓老，1906—2011）。在佛法修行实践之路上，我要感谢法鼓文理学院的释惠敏校长及法鼓山中华佛教文化馆的释果谛法师。

本书的版税，悉数捐给“台湾大学商学与会计基金会”。本书也将作为台湾大学会计学系“问责与领导”系列丛书的第二册。以《财报就像一本故事书》打好基础，以《财报就像一本兵法书》刺激想象，对于提升经理人的商业智谋应该有所帮助。本书尝试着以财报阐述《孙子兵法》的智慧，但面对《孙子兵法》恢宏的思想体系，我的思虑分析仍然粗浅，行文论述更觉浅陋，期待未来能与更多“同修”切磋琢磨，大家一起精进经营管理智慧。

最后，我要感谢好友京都大学副校长德贺芳弘（Yoshihiro Tokuga）教授，在我身心俱疲之时，邀请我到京都大学担任客座教授。从 2017 年 9 月起，在京都古城的三个月中，我走过一遍遍鸭川江畔，参拜过一座座斑驳佛寺。在行走与礼佛中，我找回完成这本书的澄静和动力。在参拜京都诸多佛寺中，我与日本天台宗开山祖师最澄和尚（767—822），产生了一种奇妙的感应。在京都北边以杉林之美著称的天台宗“三千院”中，我看见住持敬书最澄和尚“忘己利他”的法语，内心大为震动。在超过 1 200 年历史的天台宗祖庙“延历寺”中，我看见一个硕大石碑，上面刻着最澄和尚为宣示培养佛教人才的重要性所写的“照千一隅此则国宝”的苍劲书法（见第二章的出处典故说明），更是备感激励。我发愿，余生将以“忘己利他”之心，尽力栽培可以照亮周遭的人才。因为，人才放小光明，人杰放大光明，他们才是真正的国宝。

2017 年 6 月 7 日，婉菁刚满 55 岁。在一个明亮的早晨，我缓缓地把婉菁的骨灰倒入法鼓山生命园区的泥土里。我口袋里的手帕，沾染着婉菁喜欢的意大利茉莉花香气；我记忆中的画布，涂满了婉菁热爱的瑞士崎岖山丘。阿尔卑斯山上追逐野花的日子，已经是往事了；面向着少女峰的草地上，再也听不见清脆的笑声了。我已经失去了自己熟悉的影子，回忆与感恩揉成思念，点点滴落在婉菁所栖息的佛陀莲花池里。而我最后一里路还正长，你是莲花我老翁，他日相逢仍相识。因为，我一直记得你临行前温柔的叮咛：“我不在的日子，好好过日子，好好做有意义的事。”

每天清晨，我还是独自行走，一次又一次地去看日出。猛回首，当此书成，胸口佩戴的哀伤，已然舒展成佛国的一股清泉，洁净甘甜。